醫生媽媽的 親子教養術

★ **12個** 教養策略 X **28個** 小學生溫習秘笈 ★

許嫣 著

目 錄

「小弟，小弟，不得了，不得了。」衣衫襤褸老乞丐對他說。「看你一生橫練筋骨，簡直是百年一見的練武奇才……」

再說：「這本《如來神掌秘笈》是無價寶，我看跟你有緣，就收你十塊錢送給你吧！」

許媽再次出書，醫生腦海卻奇怪地浮現周星馳《功夫》這一幕。也許正因為她所寫的也是本秘笈，有否如來神掌未可而知，而親子教養卻是世上千萬父母又愛又恨的問題。多位父母都追求完美，但相信世上沒有父母有膽量自稱完美，直到離世那天父母仍然學習如何當父母。

許媽以「學霸」身份入醫學院，9A加4A，不是學霸又是什麼（醫生無緣考會考，故此只有零A，是學卒），問題是學霸如何把這身份承傳下一代，固然可以當個虎媽嚴厲軍訓式教育，但這便很容易傷害感情，要把培育和親子兩者融為一體，便要講求方法和藝術，這正是許媽的秘笈，像似學習如來神掌，理性地規劃地漸進地述說她個人親子教養守則方法。

若是衣衫襤褸老乞丐的如來神掌秘笈售價是十塊錢，那麼美麗賢淑的醫生媽媽的親子秘笈，定價起碼要百塊錢！

莫樹錦教授

香港中文大學醫學院腫瘤科系主任

序二 🚀

2024 年 2 月 16 日，大年初七人日清晨，好友許嫣醫生發來新書《醫生媽媽的親子教養術》初稿，心情霎時就如沙漠中迷失方向、飢渴難耐的獨行孤客，看到飄升著熱騰騰蒸氣的黃沙中一池月牙泉那般，恨不得馬上竭盡力氣挪動身軀爬過去，張開乾裂的嘴唇把一潭清澈泉水一飲而盡，以解期盼已久的渴望。

我和許醫生雖然就讀於同一所醫學院，但由於級別不同，而且畢業後投身的專業也不一樣，所以一直緣慳一面。直到十多年前，我們一同在《明報》撰寫醫學專欄，成為醫療版頁面上的左鄰右里，才有機會因文字而結緣。兩人於繁忙的工作間隙中不忘勤爬格仔，對文字擁有相同的熱誠和夢想，對生命懷抱共同的渴望與追求。數年下來，因為志趣相投，所以惺惺相惜，最終成就了現代都市一段奇妙的緣份和情誼。

這十多年來，許醫生出版過數本著作，我都曾一一細讀。在趣味盎然的行文之間，我不記得打從何時起便產生了一種特別溫暖的想法。許醫生彷彿把我看成是最信任得過的朋友，把大半個人生都讓我看透了一遍。先是她的工作點滴，然後是成為新手媽媽後的感受，繼而是兩名乖巧女兒的成長歷

程，到了這次卻整理出多年教養心得的總結。令我深感驕傲的是，在這一本書裏，我不只是像以往一樣當旁觀者的角色，更蒙許醫生不棄獲撰寫序言之機。如此光榮的任務，卻之不恭，自然滿口答應。

剛翻開稿件的第一頁，看到自序裏的其中一段，頓時百感交集。

我小時候讀書很勤力，科科追求 100 分。做了母親後，覺得女兒不論先天還是後天資源都比我優勝，故自然認為她們都應該追求卓越，所以對她們要求嚴格，想要發揮她們的潛力極限；結果卻造成了不少壓力和情緒。

這一段描述，本人同意得不能更多。我以前也是如此的一個人，和許醫生的心情一模一樣。我是一個完美主義者，而一個完美主義者不可能接受自己的骨肉比自己更不完美。我也有兩名女兒，正如許醫生所說，她們的資質一定比我好，童年時期的閱歷一定比我高，眼界也一定比我廣闊，小小年紀已經懂得踏單車、四式泳術、唱歌、跳舞、彈琴，英語更早就說得比我現在還地道，但讀書卻絕對沒有我小時候那麼用功，我怎麼可以接受得來。後來發覺欲速則不達，反而太座

比我豁達得多，在潛移默化之下也影響了我的想法和行為，現在父女感情要好多了。至於她們將來取得什麼樣的成就，就得依靠她們自己的能耐了。

閱畢自序，由於內容與自己息息相關，所以愛不釋手。緊接著的幾天，書不離手，很快就把全書看完，驚覺我和許醫生有頗多共通之處。原來兩人皆為完美主義者，思想和行為極為相似；彼此均有兩名年紀相約的調皮女兒，每天都能感受到內心被融化的歡樂；大家的工作都極為繁忙，用於管教小朋友的時間彌足珍貴；在管教孩子的原則和方法上，我們有著諸多不謀而合之處。鑑於以上各種原因，這本書一開始就引起了我強烈的共鳴。這種共鳴，相信也會存在於不少現代父母心中。

誠然，我也迅速對這本書萌生了強烈的嫉妒，因為它顯而易見地把我比了下去，而且不得不輸得心悅誠服。儘管我也曾有過不少書中相似的經歷，但卻從沒想過可以如此系統性地把管教孩子的原則羅列出來，並作出巨細無遺的描述、解釋和總結。書中平實易讀得來條理清晰的文句，不但反映了一名職業女性對生活細緻入微的觀察，更透視出一位堅強母親

理性睿智的分析。尤其令我懊惱的是，假若我更早一點獲取許醫生分享的智慧和方法，或許我和家中兩頭小魔怪一早便能搭上順風車，愉快地依循著她走過的道路，一路歡聲笑語地向前飛奔，也就不用走那麼多冤枉路了。

我深信，這也是大部分這本書的讀者內心的感受。

鍾浩然醫生

瑪麗醫院急症室副顧問醫生

前香港政府飛行服務隊航空醫官

前香港大學醫學院麻醉學系榮譽臨床助理教授

前香港急症科醫學院健康教育小組委員會主席

前香港聖約翰救傷隊助理監督（醫官）

商務印書館（香港）作家

自序：陪讀書可以令親子感情升溫

前陣子小學考試，陪女兒們讀書溫習。

許多家長煩惱孩子學業，每次臨近考試陪讀書時，矛盾就馬上爆發。孩子偷懶、不專注、追不上進度；家長勞氣、擔心、發火怒吼；有些父母甚至失眠焦慮，影響工作和生活。

我家不是這樣的。溫習時期，我和兩個女兒和平共處，親密無間；考完之後，我們仨的感情大大升溫。

「你的女兒又叻又乖，所以你才可以這樣輕鬆嘛！」別人總是這樣說。

事實並非如此。

第一，我並不輕鬆。

第二，不論孩子是否聰明聽話，跟溫考試時的親子關係是沒有聯繫的。聰明乖巧的孩子，也可以跟父母充滿矛盾與壓力；不太聰明專注的孩子，也能與父母快樂地溫書學習。

關鍵是，父母的心態是否良好，父母的教法是否正確。

我小時候讀書很勤力，科科追求 100 分。做了母親後，覺得女兒不論先天還是後天資源都比我優勝，故自然認為她們都

應該追求卓越，所以對她們要求嚴格，想要發揮她們的潛力極限；結果卻造成了不少壓力和情緒。

後來自己思想搞通了，發現我對女兒的嚴苛，其實是源自我內心對自己的不滿、是原生家庭的創傷累積。我將自己的無力感和憤懣轉介到女兒身上；我把對自己的期望，變成了對女兒的期望。

當我慢慢學會放過自己、放棄執著完美之後，像奇蹟一般，我對女兒的嚴苛也消失了。我接受了大女兒的粗心大意和髒亂字體，也接受了小女兒的不求甚解和單細胞思維。我知道，孩子自己也很想做得好，無需我把自己的期望加諸她們身上；我也知道，倘若失手，孩子自己已經很失望的了，無需我把自己的失望加諸她們身上。

考試時期，我要讓孩子感受到我是在幫助她們，而不是在打壓批評她們。我只順著她們的個人能力去安排學習，不逆天而行，並全力支持她們的吃喝、作息。

更重要的是，我以她們的平穩樂觀情緒為優先，以我與她們的愛為至上；其餘一切，皆不重要。

陪讀書可以使親子感情升溫。
陪讀書是，不論孩子聰明與否，你都愛他、接納他、支持他。
陪讀書是，只要在孩子困難時刻永遠站在他身邊就好。
陪讀書是，良好的親子關係，永遠比成績分數更重要。

自我介紹：懶惰媽媽和快活女兒

自我介紹

80 年生於香港。

我是一個病理學專科醫生。

我是兩個女兒的母親。

我是作家。

小學和中學時期，就讀於香港及新加坡一流傳統名校。然後入讀香港大學醫學院，畢業後任職病理學醫生，30 歲取得專科資格。

我從小成績很好，小學、中學、大學、以至醫學專科考試，鮮有失手。

會考 9A，高考 4A，在這個填鴨式教育制度中，我如魚得水。

小學時候，父母教我讀書。父親少時苦讀，年年考第一，靠著獎學金，在香港大學和中文大學修讀了幾個學位，一級榮譽畢業；他對讀書考試有獨家心得。

母親是「虎媽」，負責監督我努力用功，她是個勤奮、聰明、效率很高的人；在孩子的讀書學習方面，跟父親合作無間。

我從來不需要上補習班。

在讀書考試這個領域上，我只感受到父母的有效幫助，卻從不會承受來自他們的壓力。可能，我本身就是個完美主義者，對自己的要求，比父母的要求還要高。

對於考試，除了緊張，還隱約有一絲期待。

每一次考試，是少年平凡的我，難得可以大顯身手的機會。

我的兩個快活女兒

12 歲和 10 歲，在本地傳統名校就讀。

自幼稚園起，就非常喜愛上學。考小學無往而不利，兩姊妹都被所有最好的小學取錄。

成績中上。從不上補習班。

課餘大部分時間，都在忙碌著做她們喜歡的、跟學業無關的東西：閱讀、繪畫、唱歌、跳舞、電腦、機械人、手工、打球、看電視、玩洋娃娃、打遊戲機。

我負責她們的讀書考試。

由於我工作繁忙，所以平日花在女兒學習的時間極少，可能只得十數分鐘。

即使在考試前兩週會集中幫助她們溫習，但事實上，那些日子裏真正花的時間，平均每天也不超過 1 小時。

這些年來，我積極研究「在職媽媽如何在有限時間內幫助孩子應付功課考試」；而真正目標是，盡快「讓孩子摸索出適合自己的方法」，能夠獨自溫習，不需要我插手。

那我就自由了！

我相信那天很快就會來臨。

然後，在這個過程中，我發現一個至為重要的道理：

> 「良好的親子關係，永遠比成績分數重要。」

許多家長以為，教孩子讀書一定是勞累的、付出的，過程中無可避免出現爭執和矛盾。

對於時間管理極度敏感的我，卻發覺「溫習考試」和「培養親子感情」這兩件大事，是可以同時進行的。

讓我在以下的篇章裏，分享如何把溫習考試時間，變成最好的親子時間！

第一部分

如何把考試溫習變成最好的親子時間

考試快到了，我和女兒發生了衝突

孩子令你生氣和焦慮

考試快到了。

我費盡心思，替女兒安排好溫習時間表。上班時，打電話提醒她要準時溫習，她信誓旦旦地告訴我，她已經做完功課兼完成溫習了。

我拼了命地盡快完成醫院工作，趕回家裏，竟發覺女兒在客廳看電視，還未開始溫習。

我連忙叫她去溫習，她卻躺在沙發上，像幼兒般發脾氣，揮手踢腳，發出抱怨的叫喊，態度語氣極其的差。

我已經身心俱疲，還要檢查她的功課，卻見做得亂七八糟，錯漏百出。我耐心地向她解釋哪些地方需要改正，她卻說：「我不改」、「我偏要這樣寫」、「就算是錯我也要這樣寫」。

而且在我說話時，她心不在焉，坐不住的走來走去。

我氣得暴跳如雷，登時以雷霆萬鈞的氣勢，罵得她狗血淋頭，把作業往地上一拋，大吼：「拿走！你以後不要再叫我替你檢查功課！」

我還忍不住說了粗口。

罵完孩子又後悔

我冷靜下來以後，走到女兒的房間，看她哭到面目全非，並一邊在寫練習。

我去抱著她，向她道歉。

「為什麼每次都要以罵人去解決問題呢？」她哭著說。

我給她抹了臉、喝點水、讓她換了衣裳，好好抱著她一會兒，然後才慢慢解釋，為什麼我會如此發怒生氣。

我說：「你要知道，我很重視禮貌。你今天躺在沙發上的反應、以及在我解釋功課時的態度，都非常差，所以我會這樣生氣。」

「另外，我對你的欺騙非常憤怒。今天下午，在電話上你明明已經說做完功課、完成溫習，但是我回來才發現你說謊。我很討厭別人說謊，這一下子燃起了我的怒火。」

「再加上，我上班整天，已經非常疲倦。若在平日，我可能還能夠平心靜氣地責罰你；可是今天我工作上遇到許多不如意的事，特別勞累，驀然發現你在說謊，便完全控制不了我的情緒，連粗口也說出來了。」

「另外，但凡做母親的，心裏總有個擔憂，害怕孩子成績不好，將來不被好的大學取錄，找不到穩定的工作⋯⋯當然，這是過份憂慮、不理性的；但是當我憤怒和疲倦的時候，這樣的恐懼就會不知不覺湧現。」

我很平靜、客觀地，告訴女兒我情緒起伏的來龍去脈。

父母道歉、同理心，以及解決辦法

首先，女兒並沒有察覺到自己的「發脾氣」和「不禮貌」。於是，我客觀地描述她的剛才表現，告訴她這些舉動會令人感到不舒服，容易引發爭執。

然後我向她道歉。我說：「即使你沒有做好自己的工作、又沒禮貌，我也不應該用這樣強烈的情緒去責備你。作為成年人，我應該要保持克制和冷靜。」

另外，我也指出，雖然女兒缺乏自律，但是每個人、包括我自己在內，也會有缺乏自律和偷懶的時候。

「間中偷懶不要緊，只要肯承認錯誤、和認真補救就好。休息之後，重新努力。」

所以，我接受女兒有時會偷懶，但是我希望她不要說謊，更不要像幼兒般發脾氣。她應該要用成熟的方式去面對偷懶問題，例如道歉、馬上去溫習，或者有禮貌地反對母親要她溫習、並清楚表達自己的想法和計劃等。

我說：「我知道你也想自己成績好。我知道你也想做到自律，但有時候真的很難！我自己也經常偷懶。我學習自律，學了一輩子，仍有待改善。」

「讓我們一起努力自律，好嗎？」

我想，這個解決方法是暫時最好的了。

女兒的確是希望自己努力溫習、成績好。偶爾偷懶犯錯，她也願意被母親管教；但並非以「言語暴力」的方式，而是以冷靜和合理的態度去規管和教育。

惡語傷人六月寒

「媽媽，你該知道『三冬暖、六月寒』的道理吧。」當時 10 歲的大女兒說。

女兒的閱讀層面比我廣泛，我可真的未聽過這句話。「那是什麼？」

女兒突然不好意思：「不告訴你。」

我上網尋找，原來全句是「良言一句三冬暖，惡語傷人六月寒」。意思是：一句好話，即使在嚴冬中也可讓人溫暖；一句傷人的話，縱使在炎熱的六月也會使人感到心寒。

這句俗語是告誡人們說話要三思，不可隨意出口傷人。對子女尤其如此。

女兒是個非常溫柔的人，即使對我有所不滿，也會用委婉的話語去表達投訴，從來不會直接指責和批評。我必須要很重視她的說話、仔細推敲，才會明白她含蓄的意思。

我跟我們這一代的人一樣，都在自己父母的嚴厲批評、威脅喝罵中成長；故此在育兒初期，也曾不自覺地在孩子頑皮時惡言相向、用言語攻擊。

不知道為何脾氣不太好的我，卻會養出個天性溫柔的女兒，她不計前嫌，並能夠以身作則，反而教導我該小心說話傷人。

自此之後，我加倍檢視與反省自己所說的話；在責罰她們犯錯時，也要謹慎用詞和語氣。偶爾不慎說出侮辱傷人的話，必需做好「善後工作」。善後不只是口頭道歉，而是說明自己為什麼生氣，並詢問和了解孩子的感受。

已發生的傷害不能消除

雖然，我在親子衝突之後冷靜下來，並進行反省與檢討，與女兒達成和平共識；但是我知道，已發生的傷害是不能消除的。

我的大叫大吼、說的粗語和侮辱性字眼，必會深深地留在女兒的潛意識裏。

這些傷害，跟「愛」一樣，會留在潛意識中，影響著孩子未來人生的各種選擇、工作態度、待人處事方式、人際關係、將來的愛情和家庭的狀況等。

即使父母如何醒悟、道歉或補償，也於事無補。

有些父母，因為對孩子抱有罪惡感，對孩子的要求言聽計從，以補償自己過去的行為。可是，由罪惡感造成的補償心理，並不是真的為孩子好，只不過是父母用來安慰自己罷了。

事到如今，補償也沒有意義。

作為父母，首先必須承認，孩子曾經受到的「原生家庭傷害」，不會淡化或消失。唯有等到孩子將來成熟，靠她自己慢慢去面對和消解。

父母要做的，是正視和承認已造成的傷害，並準備承擔它所帶來的責任與代價。

然後，竭盡所能地避免下一次傷害。

天下間沒有完美的父母、沒有從未傷害過孩子的父母，但是我們可以不斷學習和改進，做好自己，盡力減少以後的親子衝突。

為什麼要自己教初小：與孩子同行

許多父母工作忙碌，無法抽時間跟孩子讀書溫習；也有家長覺得自己不擅長教功課，所以很早就為孩子聘請補習老師，監督孩子學習，而自己則撒手不理。

但是我強烈建議，至少在小一、小二時期，父母親自教孩子功課，並協助他們溫習考試。

原因是：

❶ 讓孩子感到你的愛和關懷

孩子初上小學，遇見許多新事物，每天學習新知識。父母若能在學業上與孩子同行，表達你對他的支持和關注，不但有共同話題、增進感情，更會使孩子對學校更添好感。

❷ 初小功課容易，打好基礎

初小的功課淺易，家長不難理解，即使沒有讀書天份的父母也能輕易駕馭。

③ 了解孩子的學業挑戰，一起面對困難

考試是孩子必須要面對的挑戰，此時正需要父母陪伴他、協助他，渡過困境。

別太超現實地以為小一孩子可以「自動波」解決學業上的問題。很多孩子就算想努力，卻不知道具體的做法；若缺乏家長的引導，很可能會越做越差，影響自信心。

與其不聞不問、把他的問題扔給補習老師，不如一起接受挑戰，感情會更好。而孩子成績進步的話，父母也會有滿足感。

④ 認識孩子的性格，發現他們的才華

孩子年紀小的時候，只有父母才最了解他們獨特的性格和需要。教孩子功課，有助父母觀察他們的成長和轉變，了解他們的強、弱項，因應需要而提供協助，並讓才華得到鼓勵和發揮。

⑤ 以身作則，增加說服力

有些父母，一邊要求孩子努力讀書考試，一邊卻抱怨自己少年時讀書的苦況。倘若父母自己對考

試感到恐懼、厭煩，因而逃避管理孩子的功課，試問孩子又怎會願意積極面對考試呢？

趁著孩子年幼、容易被教導和影響，父母宜以身作則，表現出對求學的認真和勤奮，給孩子一個好榜樣。

6 溫故知新，自己也年輕了

進入資訊性、大數據年代，現今孩子學習的方式跟我們小時候簡直是天淵之別；在他們眼中，父母可能已如同「古人」一樣，難以溝通。

陪伴孩子讀書，溫故知新，可令父母追上現代的潮流和變化，保持心態年輕。故此，作為一個同行者，父母也要經常閱讀和持續學習，不能偷懶！

遇上以下的 12 個
情況怎麼辦?

1 父母因要上班沒有時間陪讀

相信這是本地許多雙職家長遇到的問題。

我自己是全職醫生，雖然上班時間有彈性，但是需要全神貫注工作；每天下班後，精力都被掏空了。有時候假日或者晚上要回醫院做急凍切片，平日亦需要在醫學會議上演講。

另外，我有寫作、運動、研究古玉和讀書的工作，還有自己的社交圈子和其他嗜好。真正與孩子相處的時間不是很長，所以我特別注重親子時間的「品質」。

陪伴孩子時間，「質」勝於「量」

親子時間不多，讀書考試溫習的時間就更少。在我看來，「溫習讀書」的時間，不能佔用超過親子時間的五分之一。大部分的親子時間，應該用來一起做快樂輕鬆的活動。

正因如此，我把協助孩子溫習、讀書、改功課的時段，濃縮到最短、最有效率；在我和孩子精神狀態最合適的時候，才會一起溫習。絕對不能把戰鬥時間拖得像馬拉松般長，否則，會增加衝突和厭惡感。

如何能做到「濃縮溫習時間」呢？

首先，父母必須有周詳的計劃，知道自己和孩子每一步該做什麼。根據孩子的性格特長和耐力，把溫習工作分成一小個一小個任務。

例如，設計時間表、研究考試範圍、鎖定溫習重點、準備練習卷等。

然後，培養孩子做到某程度上的獨自溫習。

在這本書的後半部，我將分享如何在考試前兩週才開始跟孩子溫習，把效率提到最高、時間縮到最短。這樣的溫習方式，適合工作時間長的家長。

溫習必須循序漸進，最終目的是讓孩子摸索出一套適合自己的溫習方法；到了高小或初中，父母就可以逐漸放手。

先苦後甜，趁他們小時候開始指導。越忙碌的父母，越需要盡快讓孩子掌握學習和溫習的方法。

② 孩子缺乏學習動機

許多父母擔憂孩子缺乏學習和溫習的動力。眼見考試漸近，孩子卻像事不關己般懶洋洋，還繼續沉迷打遊戲機，令焦急的家長更加生氣。

等待孩子開竅

事實上，孩子的學習動機是無法「強迫」出來的；父母只能耐心等待。有些孩子早熟，小學時期已經勤奮向上；有些孩子，一直到高中、大學時期才會突然開竅，找到人生目標、並主動向著目標發奮。

每個人都不同，「開竅」需要時間和空間，父母要給予孩子機會去觀察生活、消化知識、反覆思考。最終，還是要等待孩子的「內在動機」（intrinsic motivation）出現。

在孩子開竅之前，父母要陪伴孩子在學習的路上同行；理解他們的世界小、生活經驗不足，有時候要幫他們多想一點。

與此同時，父母可以留意以下各點，提高孩子學習上進的動力，減少破壞他們夢想的行為：

① 增加成功感

為什麼有些孩子會沉迷打機呢？其中一個原因是打機有「成功感」。

在遊戲機中，做得好可以過關，做得不好可以反覆嘗試，而且每次的難度是一點一點地提升，容易得到成功感。

可是在日常生活中，孩子很少被稱讚，他們做很多事情都會很笨拙、常常出錯，付出的努力從未被欣賞，卻反而被責罵，因而失去做事的動力。

故此，在日常學習和考試中，父母應該要留意孩子每次的付出、每個小進步，並衷心地給予讚賞和肯定。

② 讓孩子感受愉快學習的過程

對於許多父母和孩子來說，「溫習」一定是痛苦的，充滿衝突、失望、挫敗、爭吵、懲罰。

這個錯誤的觀念，一定要徹底改過來！

將學習變成有趣的互動。淺易的部分，讓孩子做「小老師」；艱難的部分，父母給予溫柔的鼓勵、

體貼的指導；連父母也搞不懂的，就一起去尋找答案，讓溫習充滿溫暖的氣氛。

❸ 父母要審視自己的態度

有些父母一聽到考試，就馬上想起自己「童年創傷」，反應負面，抱怨考試制度，咒罵填鴨教育，充滿沮喪和討厭；孩子接收了這些情緒，試問又怎會不排斥讀書呢？

其實，父母自己不擅長的，孩子未必不擅長；父母自己不喜歡的，孩子未必不喜歡。父母應該認真審視自己的偏見，勇敢地面對自己的恐懼，搞好對讀書的正面思維，別把怨氣傳染給下一代。

❹ 父母暗示的力量

要孩子喜歡上學習，先要讓他喜歡學校、喜歡老師。

父母平日要了解學校的教學優勢和傳統，在家裏要多說學校和老師的好話。

孩子喜歡老師，就自然會喜歡上他們的課，而且特別希望能在這個科目做得好。

⑤ 父母幫助孩子培養真正的自信

父母一定要認為孩子很棒，同時也要讓孩子感覺自己很棒，孩子才會有動力做好。

父母寫出孩子的 10 個優點，讓他們知道自己潛能無限。

父母也要寫出孩子的缺點，然後告訴他：「父母接納你這些缺點。」而不是天天囉嗦、挑剔，要他們改正缺點。

父母越是挑剔的孩子的缺點，孩子就越沒有自信。

孩子能夠接納自己，是建立自信的根源。自信不是來自外在的條件（如外表、金錢、學業成績）；真正的自信是一個「內在的感覺」，而父母正是這個感覺的第一個創造者。

⑥ 建立科目自信

你有否發現，孩子喜歡哪個科目，哪個科目成績就會改善；討厭哪個科目，哪個科目成績就會退步。

「中文科很難！現在小學的中文為什麼這樣艱難？簡直無從入手。」

「寫字幹嘛要跟筆順？學文言文根本沒有用！課程沒有道理。」

「學校老師教得不好，不得不出外補習。」

我認識許多家長，天天把以上的說話掛在口頭；當然，他們孩子的中文成績也不會理想。

我常常想，到底是因為成績不好，父母才會這樣說；還是因為父母這樣說，令孩子真的以為這個學科特別難，所以才做得不好呢？

精明的父母，不會在家裏批評學科和老師、令孩子潛意識中討厭和恐懼科目。相反，他們會說：

「嘩，你的英文作業這麼快就完成了？字寫得很整齊，真了不起！」

「你最近是不是很喜歡作文？老師說你有天份。」

「這道數學題不容易，連我都想不通，你竟然能獨自完成，我發覺你的數學好像開竅了。」

孩子覺得有信心，有「我一定行」的感覺，才會更加努力學習。

7 不要讓成績成為親子之間的障礙

孩子放學回家，正準備跟父母擁抱、談天，父母的第一句話卻是：「你昨天的中文默書成績怎樣？拿什麼分數？」

接著下來的 15 分鐘，都是在檢討默書的錯誤、研究下次溫習的時間和策略；當孩子想分享學校的趣事時，父母會立刻阻止：「等我們談完成績，才說那些事。」

自從上小學之後，孩子就覺得父母就只看到他的成績，而不是看到他整個人。他認為「成績」擋住了父母看自己的視線，是你和他之間的障礙；於是他討厭「成績」，希望能夠拿走「成績」，讓父母看到他。

所以，父母要認真關心孩子整個人，平均分佈注意力，別把重心放在成績上，這樣才不會減少孩子的學習動機。

3 孩子常犯粗心錯誤

在學校考試或功課中，小學生常犯的一些粗心錯誤包括：

1 讀題不仔細

沒有仔細閱讀問題或指示，導致理解偏差，進而回答錯誤。

2 遺漏關鍵細節

忽略問題中的關鍵細節，例如數字、時間或指示詞。

3 抄寫錯誤

4 粗心計算

例如加減乘除的錯誤，忽略負號、分數、括號等細節。

5 不仔細檢查

小學生犯粗心錯誤，是很常見的現象。

孩子的注意力比較容易分散，認知發展尚未成熟，缺乏經驗，自我檢查意識不足；加上學習壓力、缺乏學習動機、時間管理困難等各種因素，導致小孩子容易犯粗心錯誤。

家長不能以成年人的標準去要求孩子，必須對他們保持耐心和包容。

如何協助孩子減少粗心錯誤？

1. 鼓勵細心閱讀

   在開始做功課或答題前，提醒孩子仔細閱讀問題和指示。

2. 強調重要細節

   幫助孩子辨別問題中的關鍵細節。

   舉一個英文閱讀理解的例子：

   · 問題：Find a phrase in paragraph 2 that has the same meaning as "throw away".

   · 女兒回答 "dispose"。

   · 我告訴她：「正確答案應該是 "dispose of"。雖然你對這個生字不熟悉，可是，問題是叫你找一個 phrase（短句）而並一個 word（單字）。從問題中的提示，你該猜出

答案很有可能不是一個單字。」

3. 學習檢查答案

家長可以教導孩子一些檢查方法，如反向閱讀、交叉比對、重點標記、同伴互評等，提高檢查的效率。

4. 建立學習環境

營造一個安靜且無干擾的學習環境，使孩子能夠專注和集中注意力。

5. 分解任務

將大型任務或複雜問題分解為小部分，讓孩子逐步完成，減少粗心錯誤的可能性。

6. 寫下步驟

鼓勵孩子在解題過程中寫下每個步驟，有助他們遵循正確的思考和解題流程。

7. 提高孩子的自信心

有些小學生在考試中犯粗心錯誤，是因為他們缺乏自信心，對自己的表現不夠肯定。家長可以通過鼓勵、讚美、支持和理解，來幫助孩子建立正確的自我評價，增強自信心和自尊心。

4 你不在家，孩子就不讀
—— 應否「陪讀」？

當我不在家時

孩子放學回到家時，我還在上班。規矩是她們必須先完成學校功課，才吃晚飯。

我打電話提醒：「快點做完功課，我今晚 6 時半回到家時，希望看見你們已經把功課完成，放在餐桌上等我檢查。」

可是，每天當我打開家門，總會聽到兩個正在客廳玩耍的孩子大叫：「嘩！回來了！」然後是分頭急奔回各自房間的腳步聲、關房門聲、拉椅子聲，扮作正在趕功課。

「媽媽，今天功課很多，我還未做完啊……」

我檢查了她們的作業，竟只寫了半行字。

我氣得七孔生煙：「為什麼到現在仍未做功課？你們馬上給我做好！」

20 分鐘後，她們就把所有功課完成了。我更加生氣了。

「功課又不多，只需 20 分鐘就能完成的功課，你們為什麼搞了兩個多小時？」

「為什麼一直拖到我回家才肯開始做？」

這個情況，你們是不是很熟悉呢？

同樣，按時間表的考試前溫習，不論安排得如何井井有條，總之我一天不在家裏，她們就不會開始溫習；只要我人在家中，她們就會很快樂地、專心快速地完成溫習。

所以，在考試前兩週，我會盡量多點時間留在家裏。

作為父母，我的原則是：

盡量不要坐在孩子身邊陪伴他做作業、溫習。

原因有兩個。

第一，減少依賴

我們的最終目標，是希望孩子能夠獨自學習和溫習。倘若孩子從小習慣依賴父母在旁邊提點解說，他們獨自學習的能力就會越來越低。

第二，減少衝突

緊密接觸的溫習時間越長，發生衝突的機會越大。父母千萬不要近距離注視孩子；否則，父母看到的全是缺點。

如果家長坐在旁邊：

1. 就很容易忍不住提供答案。
2. 可能一看到他寫錯，就會中途打斷他，要他改。這樣只會讓孩子越來越緊張，無法專注，無法自主思考。

從小訓練「不陪讀」

自幼稚園起，我要求女兒自己完成功課。完成後，才一次過把所有功課交給我檢查。

我檢查功課的時候，是絕對不要讓女兒站在我身邊的。我會獨自把每一份功課檢查好，將需要改正和跟進的地方，用一張張不同顏色的貼紙（post-it）記錄在功課頁面上。

然後把全部功課，一次過交回給孩子，要她們獨自去做改正。

我既不要浪費我自己的時間，坐在她們旁邊看著她們做功課和改功課；

我也不要浪費孩子的時間，站在我身邊看著我檢查功課。

兩個人同時間一起去做同一件事，效益實在太低了。

最重要的,是讓孩子無論做功課還是改功課,都是靠自身能力,培養獨自學習的能力。盡量給予他們機會用腦袋思考,而非有人可以隨時解答。

為了讓孩子培養獨自做功課和溫習的習慣,父母可以:

· 與孩子溝通,了解困難。
· 一起設定明確的期望(例如,在 1 小時內完成溫習),並給予引導。
· 創建方便孩子的學習環境,有需要時可以上網搜尋資料、或查閱書本等。
· 當孩子需要幫助的時候,可以隨時找到你(如打電話、或走到你房間,而你亦會即時回應)。
· 增加做完功課後的自由度,吸引他們盡快完成工作。
· 設定規則、獎罰制度,並貫徹執行。
· 父母以身作則,律己以嚴,示範「責任感」和「自律」。
· 尊重和相信孩子。
· 給予孩子足夠的鼓勵。

「可是,如果我不坐在孩子身邊,他真的什麼也不做呢!」

有些孩子特別缺乏專注力或行動力,確是需要家長密切的提醒。

倘若坐在孩子身邊，父母能夠忍受孩子對學習沒興趣、學習沒有效率、表現不專心，仍然保持情緒穩定的話（我必須承認，我自己沒有這個能耐），也還可以暫時實行。

但是，假使父母會發怒、疲憊不堪、壓力大，親子關係因陪讀而變差的話，那麼，「陪讀」就是得不償失！

> 陪讀書是，良好的親子關係，永遠比成績分數更重要。
> 學習，不是時間越長就越好。

溫習時保持距離，親子交集的時間越短，衝突越少。

即使是在考試時期，與子女大部分交集的時間，不應是讀書；而是撒嬌、一起說笑話、看電視、表達支持和愛意。

⑤ 考試壓力令身體不適

口裏說不，身體卻很誠實

考試前夕，小女兒整個下午蜷曲在沙發上，低低叫道：「肚子很痛！」

腸胃敏感

腸胃敏感，是因緊張和壓力導致的陣式腹痛。我小時候經常有，大女兒幾年前開始有，小女兒卻是第一次。

我告訴她：「不用害怕，你是因為考試，心情緊張，才會肚痛。休息一會就沒事。」

女兒說：「緊張？我完全不覺得緊張啊。」

我說：「你的腦袋沒有意識到緊張情緒，但是你的身體卻感受到了。」

小時候，我肚痛，痛不欲生，挨過了後卻一切如常，不知道緣故，告訴母親，她說是「濕熱」，煲了許多「祛濕湯」給我喝。

直至自己讀醫，才得悉那是腸胃敏感，可能跟考試有關，也可能是生活上的其他壓力。

多年來的經驗告訴我，只需要蜷曲躺在床上，慢慢等著疼痛過去，之後沒有什麼後遺症。

雖然現在有精神科藥物可以幫助鬆弛神經，緩減發病次數；可是我認為，最重要還是需解決背後的主因：壓力。

腸胃敏感的正確名稱是「腸易激綜合症」（Irritable bowel syndrome），常見症狀包括腹脹、肚痛，進食後更易發作，伴隨著腹瀉、便秘，或兩者皆有。

診斷腸胃敏感，必須先剔除其他生理上的疾病，如腸胃感染、炎症性腸病、腸道結構問題和大腸癌等。

腸胃敏感的成因尚未確定，醫學界普遍認為是與情緒壓力、或者腸道微生物的生態平衡有關。

高危因素包括：

· 年齡少於 50 歲

· 女性

· 有腸易激家族病史

· 經常腸胃炎

· 緊張焦慮、壓力大和抑鬱

· 長期服用抗生素

即使我已盡量不給孩子考試壓力，儘管孩子表面上樂觀愉快、情緒穩定，但是身體卻很誠實，會將深藏累積的壓力，以身體的症狀表達出來。

這是個警號，告訴你必須要休息了，再不放鬆就不行了。

所以這個肚痛是好東西。孩子未必了解自己的受壓程度，也不懂得表達出來；腸胃敏感的症狀，能讓家長知道自己的孩子到達「臨界點」了，要作出應對措施。

採用簡單的即時方法去緩解壓力

1 告訴孩子不用驚慌

「這是腸胃敏感，不是大病，只要休息一會兒，慢慢就會沒事。」

2 舒緩徵狀

有些人上廁所後，會覺得有所舒緩。
蜷曲躺下，抱著暖包。

3 分散注意力

讓孩子做最容易放鬆的事，不使他們聚焦在肚痛上。對我的大女兒來說，是看書、看漫畫；對小女兒來說是聽音樂、玩洋娃娃、天南地北閒聊；對我來說，是重讀熟悉的長篇小說、滑手機。

④ 不要騷擾

寧靜和空間是恢復的最佳辦法。不要絮絮叨叨地在孩子耳邊說話。

 ⑤ 減少工作量

原本安排了複習和溫習試卷，可以取消、減少、延遲。最好是取消一點。

 ⑥ 休息，早點睡覺。

 **⑦ 父母檢討自己是否太緊張了？**

法國兒科醫生兼心理學家 Françoise dolto 曾說：「兒童的心理症狀、生理症狀，是母親沒有說出口的謊言。」

父母自己是否常跟別人比較？是否從別的家長接收了太多資訊？

唯有父母自己先放鬆，孩子才有可能真正放鬆。

教養孩子，其實是自己的修行。

我們會很容易忽略自己真正的需要。

身體感覺、情緒與思想，環環相扣；身體的感覺透露了我們的情緒和思想。

除了肚痛，身體還有很多其他症狀，是考試壓力可以造成的，因人而異。例如：

· 失眠　　　　　　· 肌肉緊繃

· 食慾減退　　　　· 心跳加速

· 暴飲暴食　　　　· 疲倦

· 頭痛　　　　　　· 焦慮

家長要小心留意，分辨孩子究竟是生病、還是因為壓力而導致的身體症狀？

如果不能肯定，就必須去看醫生。

有次臨近考試，我們母女 3 人，擠在狹窄的沙發上看電視。

愛撒嬌的小女兒，如常地在我身上扭來扭去，又舉高雙腳放在我的身上；甚至跨過我身體，踢到大女兒。

大女兒說：「哎呀，妹妹，為什麼你的腳到處都是？」

我還未及笑出來，妹妹就突然間爆發，哭聲震天，嚇了我和大女兒一跳。

其實大女兒明顯沒有任何惡意，也不是侮辱性的說話。小女兒瞬間爆發，我就知道，她是積存的壓力太大了，需要有效的安慰。

⑥ 孩子缺乏專注力

培養孩子的專注力

專注力的時間是有限的,不是溫習時間愈長就愈好。

對於許多孩子來說,溫習的時間是「愈短、愈專注」。

2015 年,西班牙心理學家 Javier Suarez-Alvarez 的研究發現,成績最好的孩子,每天大概花 1 小時做功課。相反,如果孩子每天需花超過 1 小時或更多時間來完成功課,成績卻會下降。

這是因為長時間專注於課本學習,會使大腦進入疲勞狀態,不但降低效率,還會影響記憶和思路。

專注力可以從小培養,家長的影響力不容忽視。

以下是一些培養專注力的方法:

① 創建有序環境

提供一個整潔、安靜且無干擾的學習環境,讓孩子能夠集中注意力。

② 拒絕電子屏幕

電子屏幕看得越多的孩子，專注力越差。

③ 拆分學習時間

將學習時間分成短暫的間隔，例如每 20-30 分鐘休息 5 分鐘，以保持孩子的專注力。

④ 給予簡潔指示

幫助孩子確定明確的學習目標，並將這些目標分拆為小任務。任務指示要簡潔、直接、易明，切忌長篇大論、囉囉嗦嗦。

例如：「現在立刻把這篇詞語抄一遍。」

切忌這樣說：「這篇詞語，你可以抄寫一遍，或者把你認為困難的多抄幾次，1 次、3 次、或者 5 次……這個、這個和這個，比較難，就抄 5 次吧。然後，挑兩個詞語，造個例句，如果不懂就查字典……你上次的重組句子做得不太好，快去溫習一下。如果完成後有時間剩下，就去做一兩篇閱讀理解；另外晚一點去溫習英語；也要翻翻數學書，挑幾題難的去試試。」

如果連家長也不知道自己想說什麼，那孩子又怎能跟隨到你的指示呢？

⑤ 留意孩子身體狀況

避免在孩子感到疲倦、餓或無聊的時候學習。

每當我女兒學習心不在焉、或者情緒不佳的時候，我就會問以下幾個問題：

· 是不是疲倦？如果是 → 去睡覺

· 是不是肚餓？如果是 → 去吃東西

· 是不是覺得冷／熱？如果是 → 去穿外套／開空調

· 是不是生病？如果是 → 按病情處理

以上，即使是大人自己也合用。只要解決了「疲倦、肚餓、冷熱、生病」幾個問題，困難的程度已大大減低了。

⑥ 良好的睡眠

睡眠，是將「短暫記憶」轉化為「長期記憶」的關鍵。

確保孩子獲得充足的睡眠，有助於提高專注力和記憶力。

7 運動

在溫習期間，間隔性地進行短暫的運動，如伸展、瑜珈，以幫助恢復注意力。

8 使用（非電子屏幕）互動學習方法

將溫習轉化為有趣的互動過程，例如與父母討論、進行問答遊戲、測驗、卡片或繪圖等。

9 平日多玩腦力遊戲

腦力遊戲如拼圖、填字遊戲、數獨或記憶遊戲，可以幫助孩子提升他們的認知技能和專注力。

10 提供正面支持

偶爾專注力渙散、未能在指定時間完成溫習任務，是人之常情。

而且，隨著孩子長大、體力愈長，專注力和耐力也會提高。

父母要有同理心，不要過份苛責孩子，應該給予理解和鼓勵，讓孩子對考試溫習抱有積極正面的印象。

「專注力」是被保護出來的 ✈

晚上 8 時半，大女兒才做完功課。按照原定時間表，她應該是在兩個小時之前完成的；可是習慣拖拖拉拉的她，總愛把時光花在白日夢中。

她現在應該正在將派回來的工作紙，收納到文件夾內。今天只有一張工作紙，她搞了半小時，仍待在房間不出來。

肯定又在發白日夢！我生氣地走向書房，準備把她「夢遊的魂魄」喚回來。誰知一看，原來她正挨著書櫃，津津有味地閱讀學校文件夾的內容；原本應要收納的工作紙，卻掉落地上被遺忘了。

我躡手躡腳地離開。難得孩子主動溫習功課，心無旁騖，還想怎樣？幸好我及時沒有叫喊出來，否則打擾了她的全神貫注，就可惜之極。

回到客廳，小女兒蹺著二郎腿，正在沙發上聚精會神地看書。原本她見家中各人忙著、沒人理會她，便隨手拿本書裝模作樣，等人來「自投羅網」；不知不覺竟看出興緻，真正地埋首書中了。

我看著她胖嘟嘟的臉蛋，流露出稚氣又認真的表情，可愛到十二分，很有衝動上前去擰一下，卻硬生生的忍住。一轉頭，姐姐正在走近，想逗她玩笑，我急忙去阻止；孩子的寧靜專注，不容許被任何人破壞。

曾聽過這句話：「孩子的專注力不是被培養出來的，是被保護出來的。」真是說得再好也沒有了。

⑦ 關於上網和打機

上班時，女兒打電話給我：「媽媽，我已經完成功課了，請問我可以上網 1 小時嗎？」

我說：「好呀，給你 1 個半小時。」

家裏的 wi-fi 做了設定，我們可以用手機，遙遠控制孩子電腦的 wi-fi 接駁。

於是，我在手機上打開了女兒的 wi-fi 接駁，然後設定鬧鐘，1 個半小時之後響起，提醒我要關掉女兒的 wi-fi。

每次女兒要求上網、打機或看電視，我都會盡量允許。

除非情況特殊，例如未做完功課、日程太繁忙之類；但我也不會立刻拒絕，而是聆聽她們的需要，合理地跟她們談好條件。總而言之，只要她們提出，在九成九的情況下我都會滿足她們想上網的要求。

如果孩子每次問你，你都准許的話；那麼，她大部分時候都會問你，並且會嘗試遵守約定條件。

如果她問你，你經常都不允許的話；那麼，她以後就會瞞著你，偷偷上網打遊戲、與朋友外出、吃零食、做她自己想做的事；不再問你，也不讓你知道。

孩子問你，是給你面子，以維持和睦尊重的關係。難道你以為，他們沒有其他方法上網打遊戲嗎？

隨著年紀長大，女兒們學乖了。首先是小女兒打電話來，要求上網 1 小時，然後會和姐姐分享網絡。等她的上網時間完結了之後，大女兒就打電話來，要求上網 1 小時，然後又與妹妹分享網絡。那樣，她們就可以上網兩小時了。

我明知道她們作弊，但是轉念一想，兩姊妹相親相愛、互相掩護，不是比互相「篤背脊」更好嗎？只有千日做賊，哪有千日防賊？最佳方法，始終是維持良好的親子關係。所以我通常都「睜一隻眼、閉一隻眼」，任由她們耍小聰明去。

腦部的獎勵系統

「我的孩子打機成癮，不做功課，不溫書，通宵打遊戲！」

打機之所以容易令人沉迷，是基於心理學上「正面強化」（positive reinforcement）的概念。累積分數、過關升級、贏

得武器，這些獎賞令人興奮和開心。而在腦部結構內，這種開心感覺與毒品引起的開心感覺處於同一位置，屬於腦部的「獎勵系統」，能釋放化學物多巴胺，令人興奮和上癮。

因此，打機上癮，與毒品、酗酒、賭博上癮相似；跟腦部的獎勵系統和多巴胺，息息相關。

我曾經看過一篇精神科醫生專訪，醫生提及，其實讀書考試、跟打機升級一樣，也是一種有獎勵性質的挑戰。有些人「沉迷讀書」，也是因為享受那種成功挑戰、獲得分數、過關升級的興奮感覺。

打機過完一關又一關、捉到一隻精靈、又想找更多的精靈，遊戲裏的挑戰和獎賞，給予人開心的感覺。現實生活中，讀書升班、小三升小四、再升小五，同樣是挑戰和獎賞，同樣能夠給予人開心的感覺。

所以，有些同學性格特別「好勝」，考試時願意付出許多努力取得第一名，其實心態跟「打機打得好」是同一回事。

只不過，考試付出的努力比打機更大，等待獎勵的時間比打機更長。然而，考試成功所帶來的滿足感、和諸多實際好處，也遠遠超越打機打得好的獎勵！

成功感、滿足感、腦部的獎勵系統，
是增加孩子讀書動機的原因之一。

關鍵在於父母能否給予足夠的成功感？

許多孩子，在讀書中經常被斥責和批評，充滿挫敗感，逐漸
失去學習動機。

如果父母能夠用心欣賞孩子的每次努力，表揚他的小進步，
並給予適當獎勵；假以時日，孩子也可能像「沉迷打機」般，
變成「沉迷讀書」！

請問父母，你們自己的生活裏，有沒有令人「上癮」的
正面事情？孩子學習過程中，有沒有令人「上癮」的獎
勵機制？

有位女性朋友，很注重監控 6 歲兒子的打機時間；兒子要努力做好功課、做家務，才能夠有 30 分鐘的打機時間。兒子也守規矩，一直相安無事。

可是這個和諧的平衡，被丈夫破壞了。最近朋友工作繁忙，很晚才回到家裏。丈夫就晚晚與兒子長時間打機，作為親子活動。

於是當朋友不讓兒子打機、要他先做功課時，兒子就大發脾氣，哭鬧不休，投訴母親不愛他，甚至還因此而動手打了母親！

朋友很生氣，說：「枉我那麼痛愛他，他竟然為了打機而動手打我！就好像染上毒癮的人，為了一包白粉，連親人都可以傷害！」她一整天拒絕跟兒子說話，兒子哭得聲嘶力竭，兩母子都深受傷害。

我說：「需要受教訓的不是你兒子，而是你丈夫！」

愈早讓兒童接觸電子產品，上癮機會愈大，這早已經是常識。

作為父母，一要以身作則，自己不沉迷打遊戲，才能管教孩子；二要堅持底線，貫徹執行家裏定下的打機上網規矩，不能心軟或退讓，孩子才會培養自律和良好習慣。

制定規矩的例子：

· 每天打遊戲，不得超過 1 小時。

· 如果超過 1 小時，就要沒收手機／電腦。

· 如果連續兩天沒有遵守規定，就要接受處罰（例如 1 週內禁止打遊戲）。

· 如果想取消處罰，就要做到某些條件，例如：晚餐前做好所有功課、幫忙做家務、早上準時起床、整理好所有工作紙、背熟一段課文之類。

打機成癮

廢寢忘餐？

晚上不睡覺？

日間不想上學？

如果家人阻止打機，情緒變得暴躁並大發脾氣？

根據香港大學社會及健康心理學實驗室於 2017 年進行的「香港高小學生打機習慣調查」，估計本港有近一成學童屬有風險或可能已經患上打機成癮。

打機成癮者，可能會有以下的行為表現：

· 經常想著打機

· 減少打機時，心情會不好

· 對打機以外的愛好失去興趣

· 用打機來逃避問題

如果懷疑孩子打機上癮，就要找醫生、社工或心理專家求助。

8 需要補習嗎？

關於補習的必要性，我沒有資格談論，因為我從幼稚園到高中都沒有接受過補習，而我兩個女兒也暫時未曾補過習，但是成績又很不錯。

所以，若你問我「補習是否有用」，我實在不知道如何回答！

本地許多家長都會送孩子去補習，就連我女兒就讀的小學也不例外。無論是成績好、成績不好、成績中等，超過一半同學都會上補習班、或找私人補習、或雙管齊下。

我訪問過一些接受補習的小學生：「你喜歡補習嗎？你覺得現在的補習是必要的嗎？」

他們大多告訴我，覺得現在正接受的補習是必要的，否則學校成績一定會大幅滑落。

至於我的女兒，我直截了當地告訴她們：「如果你今次考試成績不好，我沒有辦法，唯有送你去上補習班了。」然後她們就會拼命地讀書溫習。

她們很害怕要像其他同學般，犧牲休息和玩樂的時間去上補習班。

為什麼不補習？

許多人聽到我兩個讀小學的女兒都不用補習，都露出非常訝異的表情。

「你的女兒讀名校啊！競爭很激烈啊！怎麼會不需要補習呢？」

「本地學校（local school）的功課深，有考試有默書，不像國際學校般隨意，怎可能不補習？」

其實我才不明白，為什麼讀本地小學要補習。

我問這些家長：「你小時候也是讀本地學校，學的東西差不多，你也沒有補習？為什麼你覺得現在的孩子需要補習呢？」

「因為現在個個都去補習……」

「因為自己小時候不流行補習，但是現在流行……」

「因為小時候家裏窮，沒有錢補習……」

這些原因，仔細推敲起來，邏輯站不住腳。

我的邏輯是：

· 學校的課程根據一般學童的能力而定，對大部分人來說，不會太難（除非是少數有學習困難的孩子）。

· 現代的小學老師都很專業，通常都能有效率地教授知識。

· 學校的功課，就是把當天老師教的東西溫習一遍；只要做對了功課，就等於學懂了。

· 然後，臨考試之前花點時間複習、訓練一下，就足以取得合理的成績。

1 年省下的 300 小時

理解力強、成績好的學生，更加無需要補習。倘若每星期多花 6 小時去補習，1 年多花超過 300 小時，只是為了從 95 分上升至 100 分，值得嗎？

全日小學 7 小時，加上來回時間和放學之後做功課，一天花在學校的時間，已經超過 10 小時，比大人上班還要勞累。

除卻睡覺，每天只得兩小時空閒，連休息也不足夠，怎還能把寶貴的時間花在補習上呢？

每次補習，連同交通共 3 小時。如果 1 星期補習兩次，就是 6 小時，還未計算舟車勞頓所花的精力。如果這 6 小時拿來閱讀，那將會能多讀幾多課外書！

學校所教的課程，內容極為有限，只該佔一個人應有的知識體系的小部分。即使做到了極致、考試拿到滿分，那也只是學得那麼一點點；其餘主要份量的知識，需要靠課外閱讀和日常生活的體驗。

我的女兒不去補習班，每星期就比其他人多出 6 小時，閱讀、看電視、玩遊戲、思考，或者參加興趣班，可以輕鬆地學習各種知識，建立豐富的知識體系。

每個星期多出 6 小時，1 年多出 300 小時，年復一年，你想想，她們所閱讀的書，比同年齡要上補習班的孩子要多幾多時間？

在小學要取得好成績，最有效的方法是「閱讀海量的課外書」。只要閱讀的內容遠遠超過學校所教的範圍，那麼，學校教的簡直就是「小菜一碟」，
a piece of cake，可以輕而易舉地理解和吸收。

凡事有例外

我可以想到的補習原因，包括：

· 學校老師教得不好，或者與孩子的「八字相沖」，怎麼也無法溝通以及和平共處。

· 孩子本身在某些科目中有學習困難，或者學得較慢、未開竅。

· 孩子自信未足，自己覺得需要協助。

· 有些國際學校或開心學校，沒有功課和默書，孩子平日少機會複習老師教過的東西，臨到考試時才不知所措；故需要補習班或補充練習去進行日常複習。

· 到了中學，有些學科真是難若登天，需要長期密集式的補充和溫習。

> 我們的目標是
> 「協助孩子建立自己的溫習方法，最終能夠獨立學習」。

到了大學和出來社會工作，仍需要不斷學習許多知識和技能，終歸也是要靠自己的獨立學習，沒有補習老師可以一直補到老的。

9 其他家長有很多資訊

手機上的 20 個家長群組

除了學校要求的「班別家長群組」之外，我沒有參與任何其他的家長群組。

我知道有些家長，手機上有近 20 個家長群組，從班、級、全校、課外活動、舊有幼稚園群組之外，還有香港島、九龍、新界小學家長群組，沙田區、屯門區、銅鑼灣區、自己相熟的家長、同班同學小圈子、傳統學校家長加入國際學校群組、國際學校家長加入傳統學校群組……

為什麼要參加很多家長群組呢？

因為他們害怕會不知道一些別人都知道的資訊，例如：補習班、補習教材、星級補習老師、比賽、活動、遊學團、外國升學、營養食品、補腦藥物、兒科醫生、兒童心理諮詢、資優評估、家長學習班、和（重複）許多許多的補習班。

但是，一個孩子的時間有限，一個家庭的時間有限；即使你接收的資訊再多，也只能實行很少的部分。

既然如此，你要這麼多資訊幹什麼？你只需要你需要的。

最近聽說，準備考小一的幼稚園家長群組裏，竟然每人在家裏都擁有至少一個「霧化器」（nebulizer）。

這本該是醫生為哮喘病人處方的藥物和儀器，現在卻是每個幼稚園家庭都在私下購買。原因是，有些家長在群組分享，即使孩子本身沒有哮喘或氣管敏感，但「萬一在考小學那天才首次發作」，又來不及看醫生，以致不能應考，那怎麼辦？以防萬一，先在家裏準備藥物及霧化器，並學會如何使用。

在醫生的角度，這是非常危險的，因為：

· 家長未必能夠分辨孩子是否需要接受藥物。
· 藥物有副作用，份量亦因人而異。
· 胡亂診斷治療，很可能會忽視孩子真正的疾病。

另一方面，如果家長連這個「萬分之一」才發生的細節都準備妥當，可見他們在孩子的生活其他各方面，也準備了數不清的多餘東西！

這是冰山一角。到底家長群組內所宣傳的訊息是有益、有害，還是多餘、費時失事，實在難以估計。

接收太多資訊，有什麼問題？

· 焦慮。家長和孩子會因為「人有我有」的比較，而產生許多焦慮與壓力。

· 會多做了許多不必要的事，例如購買 nebulizer。

· 結果無法專注於真正重要的事，例如發揮孩子的獨特天性，例如親子之間的愛和共處時間。

整合獨一無二的育兒秘方

我只會向有成功經驗的人學習，我會謹慎選擇閱讀的育兒書籍，我會過濾網上的育兒資訊；只取適合自己的，然後整合，成為自己獨一無二的育兒秘方。

因為，每個孩子都不一樣。

適合別人的教學方法和教材，不一定適合自己孩子；就算適合孩子，也不一定適合我去實行。參考別人的意見可以，但是不能無日無之地接收所有資訊，不能盲目跟風，不能照單全收。

我的經驗就是：「不能跟隨別人腳步」。

如果跟隨別人做法，捨長取短，結果孩子只會在人多的地方惡性競爭，變成其中平庸的一員；這也就是近來非常熱門的討論題目：「內捲」（involution）。

「內捲的意思：指一種文化模式發展到一定水平後，無法突破自身，只能在內部繼續發展、複雜化的過程。也就是說，是把簡單的事情搞得複雜化，辛苦一番卻不會帶來更多回報。以教育體制來說，是指孩子投入許多精力與成本後，卻不能獲得更多回報的狀態，結果只能鑽牛角尖。」

所以，必須根據孩子的天性、家庭的資源優勢（或限制），另闢途徑。

退出令你焦慮和疲於奔命的家長群組，遠離讓你感到壓力和比較的媽媽黨，放下毫無價值的炫耀和面子。你應該專注於自己的平靜和自由，專注於你和孩子彼此相愛。

相信自己的直覺，不被別人牽制和影響；你會發現，日子也可以過得很好。

10 是否應該以物質獎勵孩子的成績？

一項來自英國的調查，針對孩子考試如何影響父母。當中有 33% 的父母，會以金錢作為成績好的獎勵嘉許。

有家長問我：「究竟是否應該以物質獎勵孩子的成績？」

我的答案是 Yes & No。

孩子考得好，送點禮物、或外出吃飯慶祝，是非常合理的事。

然而父母要小心，獎勵不能過度，千萬不要讓孩子有「讀書考試是為了得到獎賞」的觀念。

父母只愛幫他們贏得獎項的任何孩子？

使用物質獎勵孩子的成績、或者過度慶祝孩子考第一名，最大的問題是，孩子會意識到：父母只是愛一個「可以幫他們贏得獎項的任何孩子」，而非他本人；只有自己贏得第一名，父母才會重視他。

還有一個難處：如果你有兩個小孩，考第一的那個得到許多獎勵嘉許；那麼，另外一個成績較差的呢？你又會怎樣處置和表示？

一定要讓每個孩子都肯定地知道：無論他是否考到好成績，你都愛他。

純粹為了獎賞才去努力？

另一個問題就是：如果孩子變成「只受獎勵驅動而努力讀書」的人，就會減少了內在驅動的動力。

他們會純粹為了獎賞和獎牌才去努力，而忽略了內在的興趣和熱誠。

如果有一天，他們得不到獎牌（例如上到高中或大學，競爭開始激烈、功課太深奧），便很有可能就會完全放棄。

父母要營造一個正確的觀念：孩子由始至終都是為了「自己」而讀書，而非被父母的期許與獎賞驅使。

讓孩子由始至終都是為了「自己」而讀書 —— 如何可以做到這一點？

最重要是父母以身作則——父母本身要有正確的觀念。

· 父母自己，是不是完全為了物質才去工作呢？他們有沒有在孩子面前抱怨：「倘若不是為了薪酬，我才不願做這樣沉悶乏味的工作！」

- 父母自己，是否非常著重物質的擁有和享受，遠遠超越對精神和情感生活的重視？

- 父母有沒有正在追求的夢想？

- 父母的潛意識中，有否一點點覺得孩子考得好是自己面子、特別喜歡在親友面前炫耀呢？

- 父母對孩子的愛是否「有條件」的呢？會否對成績較好的孩子特別寵愛器重、而忽略成績沒有那麼好的孩子？

所謂「父母對孩子無條件的愛」，本身就是一個傳說／偽命題；即使聖人也未必做得到。所以，即使對孩子的愛「有條件」，也是人之常情，並非罪大惡極。但是父母要心中有數，不能自我催眠、覺得自己很偉大。

我扯得遠了。其實只想強調一點：想孩子好，父母自己必先坦誠面對自己、了解自己、改進自己，才能夠把正面的情緒和正確的觀念，帶給孩子。

11 高小的孩子不想你插手幫忙

女孩子比較早熟。大女兒到了小學四年級下學期，開始不願意讓我檢查功課。

測驗或考試的溫習，也逐漸變成她自己去安排時間表和溫習內容。

起初，成績有點不如預期。大女兒傾向高估自己的能力，她認為自己聰明，就應該拿到好成績。可是她還未太理解，「考試考的是 EQ、不是 IQ」。除了聰明外，還有很多情商、技巧，例如是小心檢查題目、做卷時的時間管理和策略等。

我無法逐項提醒，唯有等待她自己從失敗中摸索、學習，逐點去改善和完善考試能力。

最要緊的是，是她自願對自己的學業負責。那是她自發的意願，而並非父母的要求脅迫。

沒有父母的幫忙，成績起初有可能一落千丈。但是，小學生的成績好壞，並不會影響將來人生的前途。如果不趁小學時期嘗試「失敗」的滋味，難道要等在公開試、大學時期才遭遇滑鐵盧嗎？

作為母親，我只能夠表達信任、支持、欣賞；在她失敗時不呵責，而是會站在她那一邊。

· 如果女兒需要補習，我會幫助她找補習老師。
· 如果她需要補充練習，我會幫她去購買。
· 如果她需要我幫助檢查功課，我會出手。
· 如果她想上網搜尋資料答案，我會允許她自由上網，或者引導她搜尋有用的資料。

但是如果她沒有感到需要，我是不會主動插手的。

沒有秘密的孩子才是好孩子？

如果女兒沒有主動談起在學習或交友上的困難，我不會去追問。因為逐漸成長的孩子，需要有自己的空間和秘密。

當孩子進入青春期，秘密也隨之而增加，自然會想逃離父母的監察目光。

可是，許多家長無法忍受這樣的分離感。他們喜歡孩子將一切都巨細無遺地告訴自己，甚至說出「沒有秘密的孩子才是好孩子」。

事實上，「沒有秘密」並非孩子想要的，而是父母自己扭曲的願望。

……不告訴你。

隨著孩子長大，我希望能做到逐步不去干涉孩子的學習問題和私生活。因為我太了解，越是干涉孩子，父母就越難控制自己的情緒，更可能會因此而失控、迷失，把自己的慾望轉嫁到孩子身上，並告訴孩子：「這一切都是為你好。」

父母必須學習放手

隨著孩子逐漸長大，孩子總得接受必須離開父母呵護的事實，而父母也必須放下懷中的孩子。然而，在心理上堅持不讓孩子進入社會的父母，竟然出乎意料地多。

在日常生活中，有許多父母都認為，必須掌握孩子的一切，才能給予保護。

但真的要掌握一切，才能幫助到孩子嗎？

家長要學習放手，讓孩子經歷做錯

高小孩子不想父母幫忙溫習，是非常正常的事。開始進入青春期的孩子，渴望擁有獨立自主的能力；這也代表他們的自主思想開始萌芽，是一件好事。

除非孩子情況特殊，否則到了中學、仍然想在學業上完全依靠父母、願意讓父母參與學校內所有事情的話，父母反而要考慮：孩子是否過份依賴？

正如我之前提出，幫助孩子溫習考試的最終目的，是「協助他們建立自己的溫習方法，最終能夠獨立學習」。

所以到了高小，父母必須學習逐漸放手，讓孩子為自己的學業負責。父母要相信孩子，而不是擔心孩子。

狀元的媽媽 ✈

朋友的女兒是今屆狀元，家長們紛紛向她請教。

她說：「放手讓孩子自己讀書。從小學起，我就不幫忙功課，不收拾書包，不陪伴溫習，更不會跟進測驗考試成績，全部讓她自己打理。」

「嘿，你的女兒天生聰明，你才可以放任不理吧？」家長們心裏不相信，以為她藏私，將「教女秘技」隱瞞不宣。

其實她說的是實情。

首先，朋友要上班，不可能每天都找到時間，陪女兒完成作業；其次，她不希望一邊陪做功課、一邊罵孩子、一邊把她寫好的字擦掉，做個「橡皮擦父母」；第三，不監督孩子溫習考試，更能培養她自動自覺的態度。

她與丈夫沒有規定孩子要取得好成績，可是小狀元對自己有要求，從小讀書就很獨立，懂得對自己的學業負責。她亦非書呆子，會培養興趣，結交朋友，妥善安排作息時間，是個思想成熟、有主見的年輕人。

作為父母，太過關注與插手孩子的學業，像「直升機」般盤旋在兒女身邊，只會帶來兩種後果：

一種是孩子習慣依賴父母，學習態度變得被動；成績不好時，會將責任推給父母；當到了父母無法幫助他們的階段，會倍感焦慮挫折。

另一種是認為父母不信任自己能力，不斷在監視和找錯處，給予很大壓力；個性較強的孩子，可能會因此而產生對抗叛逆心理。

我十分同意朋友的教育方式，但我的最主要原因是「懶」。

想想看，我從 3 歲一直努力讀書至 30 歲，過關斬將，終於成為專科醫生。考了這麼多年的試，現在洗手不幹，早就想「焚書坑儒」慶祝一番；難道還要我陪女兒由幼稚園開始、從頭讀起嗎？

「懶媽媽」是無論如何都不肯的了。

當務之急，是盡快將女兒訓練為「自發讀書」的孩子，放手讓她自己打理功課。

朋友聽到，豎起拇指大讚：「這就對了。做懶父母，才能培育出好學生！」

12 為什麼我會經常生氣？

每次考試前督促孩子溫習，孩子不集中精神、自制力低、拖延、找藉口；而父母就會火冒三丈、破口大罵，令親子之間產生一次又一次的衝突，成為痛苦回憶。

陪伴溫習，明明是出於愛的行為，為什麼最後卻很容易生氣，形成親子衝突呢？

我曾經讀過一篇文章，叫做《為什麼父母會生氣？》。心理分析師認為，人們之所以會生氣，是因為自己內心的「匱乏感」。

怎麼說呢？父母對孩子的憤怒，包括嫌棄孩子笨、不聽話、自制力低、懶惰：「如果他的成績不是那般差，那麼我就不會受傷、生氣、失望。」「我需要孩子優秀點，好讓我覺得自己很棒。」

換言之，父母憤怒的背後是：「孩子要為我的情緒和需要負責！」可是，父母的需要，為什麼想要孩子來負責？因為父母自己做不到。因為父母匱乏、自卑、對自己沒有信心，所以需要孩子的優秀，來證明自己是很棒的人。

如果孩子做不到，父母就生氣了。

父母對孩子的憤怒，其實都是對自己的憤怒的轉移。父母自己做得不好、對自己有憤怒，但父母不能承認對自己的憤怒，於是就只好把憤怒轉移給孩子。

明白了這點，你就知道，其實你的生氣，源於你自己內心的「匱乏感」；跟你孩子的讀書能力沒有關係。

你不能依靠孩子的好成績去填補你的匱乏感；你自己的問題，最終必須靠自己去解決。

當父母感到生氣時，不要立即怪罪孩子，應該抱著懷疑的態度，不斷反問自己：「這是什麼情緒呢？我為什麼會這樣生氣？為什麼我對孩子說的話做的事，會和我的初衷完全相反？」

身為父母的我們，若不能徹底認識自己的需要，無法好好控制情緒；那麼，與我們最親近的孩子，將為此付出代價。

父母學習「為自己的內心需要負責」，就不會把自己期望投射在孩子身上，不會想靠孩子來得到存在感，也就不會對孩子有過份的要求。

於是，溫習時便沒有衝突，只有心甘情願的付出、和不求回報的愛。

Let's move on ✈

我有個近乎完美的女性朋友，聰明健美，成熟大方，家庭事業無懈可擊。

有一天，她 7 歲的兒子頑皮，跑來跑去，結果把人家的東西打翻了。她馬上向人家道歉賠償，又對兒子懲罰警戒，可是她心裏仍然感到非常不舒服；見兒子一派輕鬆的樣子，她忍不住又絮絮不休。

「你知不知道，你到底犯了多大的錯，給人家添了多少麻煩？人家一番心血，你一個碰撞就破壞了；雖然人家不介意，但是你自己就不會內疚反省的嗎？早就提醒過你，在別人地方跟在家裏不同，你不能這般粗魯，必須時刻小心在意。」

朋友是個溫柔美麗的性格，而且一向與兒子關係極好；我相信她絕對不是憤怒地破口大罵、或令人厭煩的那種說教。

「這次你很幸運，沒有釀成意外；可是下次未必如此。萬一傷害到別人，怎麼辦？你有沒有仔細想想，以後怎樣避免同類犯錯，改一改你這個毛躁性格？否則……」

兒子突然輕輕捉住她的手，望著她眼睛，認真而誠懇地說：「媽媽，我知道我做錯了；我會努力改正，下次不再犯。但

是，我認為我們不應再在這個問題上糾纏了。Let's move on（我們向前展望），好嗎？」

朋友聽了心裏一震，細細思索，兒子的話竟是大有道理：做錯了，受罰了，下次盡量不再犯，不就是如此簡單嗎？為什麼她還要在已過去的事上苦苦糾纏？難道苦口婆心多講幾次，就一定能確保兒子永不再犯？難道少講兩句，他就永遠不會改過？

從小到大，朋友對自己要求嚴格、力追完美，犯了一丁點兒過失便會耿耿於懷；即使受害人和當事人早已忘記了，她依然會不斷地回想，思考下次該怎樣彌補和改善。這種思維習慣，令她愧疚不安的情緒不斷放大，內心長期繃緊，無法放鬆。

別人看她，是個無可挑剔的美女，她卻經常感到徬徨和不足。原來，是她自己一直不放過自己，故此也不懂得放過兒子。

幸好兒子天性豁達，非但沒有受到媽媽的緊張情緒影響，還能指出理性的方向。越是性格跟自己不同的孩子，越能啟發家長們用其他角度去看人生、看自己。教養孩子，其實完全是一場自我的修行。

CHAPTER

02

第二部分

考試前兩週才開始溫習：辦法和技巧

級頭小朋友怎樣溫習

網上家長論壇多有討論「級頭小朋友」的溫習方法。所謂級頭，就是小學裏全級考頭幾名的學生。

他們觀察到的是：「平日很少時間溫書，臨考試才溫習。功課自動自覺做好。不做課外練習，沒有去補習。讀海量的課外書，經常看電視、玩遊戲。上學時經常魂遊，在書上塗鴉。記性非常好，專注力強，好勝，悟性高，海綿一樣吸收知識。」

我小時候也是級頭小朋友，這些家長的觀察，基本上都是符合的。但是內裏，也有他們觀察不到的地方。

怎樣才能做到級頭呢？我認為「讀海量的課外書」是重點之一。因為知識的基礎夠闊，所以老師一講就明白。所謂「悟性高，海綿一樣吸收知識」，其實是基於平日讀了許多雜書，腦袋習慣了「吸收」這個動作，而不是只針對學習教科書上那些非常有限的內容。

另外，對我來說，「平日不做課外練習，沒有去補習」也是考級頭的主要原因之一。由於不是整天 24 小時都泡在教科書的知識裏，故此不會產生強烈的厭惡感，考試前溫習也不至於感到太沉悶，想考好的意願也比較強烈。

我想像，那些生活裏只有教科書的學生：上學是教科書，放學補習教科書，睡前溫習教科書，週末做相關的補充練習，假日上更多補習班、做更多的補充練習；而家長，也只關心學校教的知識。這些學生的思想被困在狹窄的學校教育範圍內，一定非常痛苦，一定極其厭倦，實在不能想像他們如何仍有挑戰考試的積極和鬥志。

即使是美女，天天看個 10 小時也會厭倦；何況是教科書呢？

「可是，我的孩子連學校教的知識都未懂，還哪來時間學課外知識？不是應該先搞好教科書上的東西嗎？」

我想不是。孩子之所以學不懂教科書上的內容，並不是課程太深或孩子太笨，而是因為其他的知識不足，所以才會吸收不到。

舉例說，你要訓練游泳選手，要求他天天游泳 10 小時，卻沒有配合健身、舉重、跑步、拉筋、休息、營養飲食、或其他運動知識，只一味要他游游游；長遠來說，他可能游得好嗎？

故此，要提高孩子的「悟性」，必須先全面性增加生活的寬度和思想的深度，像中醫所說的「固本培元」；腦力強健、視野廣闊，學校的東西才能學得快而準。「海量閱讀課外書」是效果最好的；其次，看電視、參與各種活動、跟不同背景的人交流、培養獨立思考，都能增加智慧和學習能力。

考試前兩週才開始準備

女兒們讀傳統小學，1 年有 3 次考試。我個人最喜歡這種「一試定生死」的體制，因為意味著平日可以懶些、放鬆些、多做點跟學業無關的課外活動。

那些將全年功課、作業、專題項目、默書、課堂小測都計一點點分數的學校，所謂「持續性評估」（continuous assessment），頗叫人無所適從。要麼整年都緊張兮兮，要麼缺乏了衝刺的動力。雖然近年來很多人推崇，我個人是不懂得的。

話說回來，我家孩子平日不補習，學問只靠學校老師教導。臨考試（或測驗）前兩週，才開始溫書；連同考試那週，總共要用功 3 個星期。作為一個小學生，1 年只是拼命用功 9 個星期，很合理。

「Work hard, play hard」，剩下的 43 週，她們是玩得很盡興的，不上補習班，不做課外習作。對於家長，考試前兩週才開始準備，也比較容易安排。

父母可以根據校曆，預早在考試前兩週安排一些空閒時間，陪伴孩子溫習，為他們提供情緒上和實質上的支持。這勝於全年都在嘗試督促孩子溫習，每天在忙碌工作和孩子讀書之間痛苦掙扎。

考試前兩週才準備的好處

· 父母（尤其在職家長）容易規劃時間

· 孩子平日可以放鬆，無需長時間繃緊

· 平日有時間學習課外知識、參與課外活動

· 不會對天天補習的科目產生厭惡感

· 訓練孩子在有限時間內完成項目

· 縮短溫習時間，減少家長與孩子之間的緊張感和磨擦

· 製造難忘的親密童年回憶

· 培養孩子的自律和應變能力

· 專注力的時間有限，不是溫得越久越多就越好。3 週的專
  注，對於許多孩子和父母來說，是可以做到的。

搞清楚：考試是什麼？

「求學不是求分數！考試分數不反映孩子的能力！你不能要求一條魚去學爬樹！考試制度是愚昧而落後的！」

以上是近年來流行的論調。

可是，「求學」和「考試」，根本是兩件截然不同的事啊！

求學，是天天要做的事

一個人，應該無時無刻都在學習。不只在學校裏，而且在家裏、在日常生活中、在社交活動、在閱讀、在工作……終其一生，都在求學。

考試，是考試前才要準備的事

這也是我從來不建議天天放學去補習的原因。用 1 年 365 日去準備 3、4 個考試測驗，並不合理。

> 考試不是為了求知識，
> 考試是為了訓練解決問題的能力。

考試，能夠磨練一個人的心性和思考力。關鍵不在於考了多少分數，而是在於碰到懷疑和挫折時，我們怎樣戰勝自己？這些思維訓練，能夠伴隨我們一輩子，渡過未來更多的矛盾和不想努力的時刻。

考試是一個 project！

進入狀態 → 規劃 → 準備 → 執行 → 解決困難 → 調整期望 → 然後，從親子溫習中了解孩子、了解自己；為下一次的突破打好基礎。

基本上，人生中所有的項目（project），都能夠跟隨以上的次序，以上的框架。

例如：報讀大學、找工作、出版一本書、展開一門生意、搞一個大型活動、學習新技能、考一個專業執照、籌辦婚禮、替孩子報讀小學⋯⋯

不僅是完成項目、達到目標，而且還從過程中認識自己、成長蛻變，發掘潛能與新的可能性。

就從小學考試開始吧。

將「考試」看作一個小小的 project、一項挑戰，從規劃開始，一步一步地把它完成。

無論成功與否，都不過是 3 星期而已。

提起勁，竭盡全力，與孩子好好渡過這 3 星期！

製作時間表

考試前兩週是怎樣安排的呢？首先，我會做一個時間表。時間表的長度是 3 週：考試前兩週，以及考試週。

然後，根據考試範圍，列舉每天需要溫習的範圍、或者要做的溫習卷。

第一週是熱身，第二週最忙碌，考試週最輕鬆。

第一週主要是溫習課本，抄寫詞語，背誦需要背誦的東西，也可以讓孩子做一點範圍之內的溫習卷，看看他懂什麼、不懂什麼。

第二週主要是做卷。此時，學校可能因應考試範圍而為孩子準備了每科練習卷，實際是考試預演；格式範圍和程度，都跟真正考試的相差無幾，孩子和家長絕對不可忽視，必須仔細研究，了解孩子的強項弱點，然後對症下藥，集中訓練有需要的地方。

第三週即是考試週。此時，腦袋裏記得多少知識已非重點，身體狀態和精神狀況才是決勝關鍵。不論還有幾多課文未讀熟、幾多溫習卷未做，也不能犧牲休息時間和體力。至於保持良好精神狀態，更是至為重要，我會在往後文章介紹如何緩和緊張情緒。

舉例說明。假設，考試 4 天，按次序為：中文、英文、數學、常識。那麼，先在時間表上加入考試週的安排（如下）：

小三上學期評估　溫習時間表

Sun	Mon	Tue	Wed	Thu	Fri	Sat
25/10	26	27	28	29	30	31
1/11	2	3	4	5	6	7
8	⑨ 中文評估	⑩ English 評估	⑪ 數學評估	⑫ 常識評估		

然後，從後推上，逐步寫上考試前兩週的溫習與活動安排（如下）：

小三上學期評估　溫習時間表

Sun	Mon	Tue	Wed	Thu	Fri	Sat
25/10 溫習常識	26 溫習常識	27 溫習數學	28 小提琴	29 Revise English readers, notes & worksheets.	30 合唱團	31 背默成語詞語
1/11 背默成語詞語 羽毛球	2 常識模擬試卷	3 數學模擬試卷	4 小提琴	5 English mock paper	6 合唱團	7 中文模擬試卷
8 中文模擬試卷 羽毛球	⑨ 中文評估 English mock paper	⑩ English 評估 數學模擬試卷	⑪ 數學評估 常識模擬試卷	⑫ 常識評估		

以上是最簡單的例子。

有些時候，考試週一天考兩科或以上，分為作文、默書、普通話、音樂等科目。雖然不是「主科」，但仍需要時間溫習。那麼，時間表就會比較複雜。

小三下學期評估　溫習時間表

Sun	Mon	Tue	Wed	Thu	Fri	Sat
25/5 羽毛球	26 溫習常識 溫習音樂	27 溫習數學 溫習普通話	28 小提琴	29 Revise English readers, notes & worksheets. Study for composition	30 合唱團 Study for dictation	31 背默成語詞語 溫習中文默書
1/6 背默成語詞語 羽毛球	2 常識模擬試卷	3 數學模擬試卷	4 小提琴 溫習中文默書	⑤ 中文默書評估 English mock paper Study for dictation	⑥ Dictation exam	7 中文模擬試卷 溫習中文作文
8 中文模擬試卷 溫習中文作文	⑨ 中文評估 中文作文評估 English mock paper Study for composition	⑩ English評估 Composition exam 數學模擬試卷 溫習普通話	⑪ 數學評估 普通話評估 常識模擬試卷 溫習音樂	⑫ 常識評估 音樂評估		

日常的課外活動，如打羽毛球、學小提琴、跳舞、電腦程式設計，通常都會照常進行；至多在考試週暫停一次。

減少太刺激的玩樂、如開大型派對或遊覽主題樂園，並避免需要長距離交通的活動。

但是，絕對不可以斷絕所有活動、將全部時間拿來讀書。讓我重複：絕對不可以斷絕所有活動！因為孩子無法一時之間適應日常生活的重大改變；重大改變會增加心理壓力，令讀書的效果適得其反。

以上是預先製作時間表的框架。

真正實行的時候，必須靈活變化，並緊記 3 個原則：

- · 不是溫習時間越多，成績就越好。
- · 孩子的集中能力有限，不能長時間溫習，必須有小休時間。
- · 到了晚上，最好不用做太複雜的溫習，以免影響睡眠。

溫習進度跟不上時間表，也不要緊。

跟不上，即是時間表編得太密，對孩子要求太高；倘若空閒時間太多，則表示時間表編得太鬆散。

了解孩子的獨特溫習速度，下次考試時再調節一下就好了。

逐步放手，讓孩子自己編時間表

小一和小二，家長自己製作時間表，讓孩子跟從。

到了小三小四，開始跟孩子一起籌劃時間表。也可以讓他自己先起一個初稿時間表，家長其後修改。

到了小五小六，期望孩子可以完全自己負責製作溫習時間表。

長遠來說，我們是希望孩子能夠逐漸學會：

· 自己管理時間
· 設定目標
· 建立優先順序

時間管理，不僅對讀書考試有用，對將來人生各方面也是至為重要的。

研究考試範圍

我女兒讀的學校，在考試前兩週，會詳細列出每科考試的範圍內容，例如是哪幾篇課文、工作紙的號碼、第幾課的作業等，非常清晰。

考試範圍內的東西，都要讀清楚了，千萬別遺漏。

然後，將每一條範圍內容，融入「溫習時間表」內。

相反，不屬於考試範圍內的課文，就不要在此時溫習。我不是說它們不重要；非範圍內的課文，應該是在平日上課、做功課時，已經涵括在知識體系之內。

在這 3 週，要集中能量應付考試；這也是要訓練「專心一致」的狀態。

整理內容

將跟考試內容有關的資料整理出來，就能對將要面對的工作份量，一目了然：

 ① 課本

 ② 作業

 ③ 工作紙及紙夾

 ④ 練習簿

 ⑤ 筆記本

 ⑥ 影音資源和習作

整理好後，你和孩子會發現，其實要溫習的份量，並沒有想像中的多，太好了！

收拾工作紙 ✈

提起收拾工作紙，我就氣得吐血了。

這麼多年來，學校改完派回的工作紙，老師每天都會在手冊上詳細寫明，叫孩子們 keep file（歸檔），即是整理、打孔、放回學校的科目紙夾裏。

可是，兩個女兒從來都不做這回事，但卻天天騙我已經歸檔了。

直至考試前夕，我才發覺她們從來都沒有把工作紙歸檔，只是將派回來的工作紙塞進功課 folder 裏面、或書包的深處、或書桌底下，厚厚的一大堆亂七八糟，完全沒有整理的自覺。

臨近考試，在我的催促下，她們才慢條斯理，將工作紙逐一放回各科目的檔案夾入面。每次總有一些工作紙會不知飛到哪裏去，有些早已經殘缺不存，有些的改正還未完成，還有些是拿錯了同學的，簡直是一塌糊塗。

最後，做媽媽的我總是看不過眼，趁她們睡覺了，把釘得亂七八糟、次序混亂的工作紙，逐一重新順序排好；將那些打孔打得歪歪斜斜、七零八落的紙張，都用透明膠紙修補好，再重新打孔。

「究竟現在是你們去考試，還是我去考試？」

對，我一直強調要訓練孩子讀書自理，要自己做功課、做筆記、找答案、溫習，不要父母或補習老師在身邊監督看管著。

可是在「收拾工作紙」這一環，我實在是無計可施。

整理筆記

做筆記是重要的。

小學的課程比較簡單，初期可能不需要做課堂筆記。但是到了高小、中學、大學，教學的範圍越來越多，故此，把各項重點、以及老師在課堂上說的話，編成筆記和總結，就變得不可或缺了。

所以，趁小學時期，鼓勵孩子學習做筆記，找出自己喜愛和擅長的筆記模式，為未來做好準備。

如何鼓勵孩子做筆記？

作為家長，為孩子準備精美的筆記本子、七彩顏色的筆、螢光筆、黏貼紙、各種貼紙，以環境因素去誘發他們做筆記的興趣。

訓練孩子速記

老師在課堂上講的東西，很多時候，邊聽、邊寫、邊做筆記，是非常困難的。孩子要練習用他們的方式，去做「速記」。

速記時，可以用符號、圖形、同音字、拼音等；情急之下，中文課用英文字、英文課用中文字，迅速記錄，也無不可。

最要緊的，就是當天回到家裏、或最遲第二天，必須把這些速記和符號，轉化成整齊的筆記。

這個整理過程，就是把學到的知識複習一遍，並且分門別類，融入自己的知識體系當中，是很有效的學習方式。

如何訓練孩子速記呢？父母可以準備一個故事／新聞內容，叫他一邊聽、邊記下要點，整理之後，再複述一次。

速記對於學習和呈分試的「聆聽」部分也十分有用。在聆聽錄音時，快速用鉛筆寫下要點，之後回答問題的成功率就會大大提高。

緊記：整理筆記，必須在當天、或最遲翌日；否則隔了一段時間後你再看回自己的像「鬼畫符」般速記，是不會記得自己寫過什麼的。

整理筆記，建立知識體系

「整理筆記」這件事，我至今仍孜孜不倦。每上一堂課、聽一場演講、上網課、看一段視頻，我都會邊聽邊做速記。

即使現今可以用手機錄音、或者使用人工智能（AI）幫你做記錄，但是無論如何，也比不上用紙和筆速記下來方便。

接著幾天，我會花很多時間把學到的東西，用不同顏色的原子筆整齊地記錄在記事本子裏，又或者在電腦上打印出來。這個過程，能夠大大加深我對課堂的印象。

一個人無論多專注、記憶力多好，聽一堂兩小時的課，過一段日子後，通常只剩下兩成記憶；可是，如果聽課之後有用心整理筆記，那麼對課堂的知識吸收，便可以提高至九成甚至 100%。

整理好的筆記，即使隔很長時間之後再拿來重溫，就能把要點全部想回來，豐富自己的知識體系。

筆記要親手做才有意思

坊間有無數文章、一本本厚厚書籍，甚至許多收費不菲的大師級課程，專門教人如何寫筆記、如何畫「腦圖」，教人怎樣用螢光筆劃下重點。

也有人將自己手寫的精美筆記，放上網高價出售，也真的有人會買這些筆記！

我的學習經驗是：筆記一定要親手做才有意思。練習得越多，筆記做得越精美簡潔，成效越大。每個人做筆記都有不同偏愛，沒有能夠完全複製的模式。

大女兒初上小學的時候，強迫她做筆記，她就一副尋死覓活的樣子；所以我放棄了。

到了五年級，我發現她溫習考試時，開始會做筆記，在小紙片上寫上重點，零零碎碎的，貼到四處一片狼藉。

據她所說，考試前一天把這些紙片放在枕頭之下，還會增強記憶印象。

其實我小時候也有這樣的迷信。

我說：「不要緊，你認為有用就好。儀式感、心理信念的力量，是不容忽視的。」

相反，小女兒自小便愛做筆記。她有一本小型的詞彙手冊，用來記錄一些常用的單詞和短語，幫助寫作和造句。

她可能把做筆記這回事當作一項興趣了。看她的筆記，佈局精美，字體整齊，色彩繽紛，圖畫可愛，如藝術作品一般。

可是，她花在寫筆記的時間，卻是出乎常理地多，簡直是勞民傷財，完全不符合時間經濟效益。我個人認為有些多此一舉。

「你可否快點完成筆記，然後開始溫習呢？」

「不可以。」小女兒堅持低效率的溫習方式，做母親的也無可奈何。

對她來說，做筆記，不但增加記憶，協助整理思路，也能減壓和增加滿足感。寫字畫圖的行為，本就有療癒的效果。

有時候，就算孩子學習效率低，只要他願意主動去做，父母只要靜靜守護在旁即可，盡量不要干涉阻止。願意主動學習的心態，千金難買！

中英數各科溫習攻略

當訂好時間表、確定了考試範圍、整理好課本和工作紙，我們可以開始溫習了。

第一週是溫習課本，抄寫詞語，背誦需要背誦的東西。

哪些東西要抄？哪些東西要背？

視乎試卷範圍、知識種類，以及孩子的性格和能力。

語文（中文和英文）

一般傳統小學會在試卷出的題目，從小一至小六逐步遞進，形式和內容大概如下：

- 選詞填充
- 默書
- 詞語造句
- 漢語拼音
- 成語運用

- 名詞、動詞
- 字義辨正、詞性辨識：如褒義詞、貶義詞
- 錯別字
- 標點符號
- 配對句子、排句成段
- 重組、擴張、續寫句子，句式仿作
- 同義詞、相反詞
- 擬聲詞、語氣助詞
- 量詞
- 關聯詞
- 修辭手法

英文文法

- Noun
- Pronoun
- Verb & tenses
- Adjectives
- Adverbs
- Articles
- Preposition
- Conjunction
- Punctuation
- Active voice & passive voice
- Proofreading

中文和英文共同有的部分

聆聽（Listening）

· 聆聽一篇文章或一段對話，然後回答問題。

閱讀理解（Reading comprehension）

問題種類，主要以下 5 種：

· 了解內容：選詞填充，解釋詞語，複述內容
· 重整（理解每個段落內容，或理解其結構，歸納段意，以自己文字寫出來）
· 伸展（理解文章的感情色彩、人物態度）
  例子：根據文章內容，作者是一個怎樣的人？何以見得？
· 評鑑作者的意見和觀點
  例子：這個故事教訓我們什麼？
· 創意回答
  例子：你有沒有像作者般在學習上遇上困難？請舉出一個具體例子，並描述你的解決方法。

作文 (Composition)

- 看圖作文
- 記敘文
- 描寫文
- 說明文
- 抒情文
- 應用文（信件、便條）
- 詩歌

中英文的溫習方法

日常溫習方法：

- 除了「讀海量的課外書」，以及深入思考、提出見解，就沒有更好的方法提升中英文水平了。

考試前「臨急抱佛腳」溫習方法：

1 課文類

- 反覆溫習、朗讀、抄寫
- 背誦成語、詞語、拼音
- 對詞意要有多重理解

② 文法類

· 研究孩子近日作業中哪幾項較弱，然後在補充練習中選出有關題目去做；或者重做學校作業中的錯題。

③ 聆聽類

· 選購附有聆聽題目的補充練習
· 學習邊聽邊寫下筆記
· 平日訓練：家長講完說話後，叫孩子重複講一次家長說的話。

④ 閱讀理解類

專家經常教導，做閱讀理解，第一步先看問題，然後再看文章。我不建議教小學生「先看問題、再讀文章」，因為小學生未有足夠的理解和邏輯力先分析問題。

對於高小：

第一步先判斷文章體裁，是說明文、記敘文、描寫文、還是實用文？因為每種文章需要拿捏的重點不同。

第二步，了解每個分段的主題。

- 記敘文：掌握時、地、人，和每段重要情節，以及帶出感受。
- 說明文：找出要說明的題目、每一段和題目有關的主題。
- 描寫文：知道每段所描寫的東西，以及描寫手法。

  多留意：
- 段落之間的關係，揣摩作者的佈局（組織）。
- 感受作者要表達的感情，文章背後的深意（主旨）。

⑤ 作文類

- 習慣作文前看清要求，記低關鍵字詞。
- 學習做腦圖，把作文組織起來。
- 下筆時，要望住腦圖逐點去完成，以肯定自己完成題目的要求。

數學科

一般傳統小學會在試卷出的題目，從小一至小六逐步遞進，
形式和內容大概如下：

- 加減乘除及其應用題
- 統計圖、棒形圖、折線圖
- 數字規律
- 日期、時間
- 算柱
- 硬幣
- 平面圖形、立體圖形
- 奇數、偶數、質數、合成數、因數、倍數
- 鈍角、銳角、直角
- 算式括號
- 分數
- 小數
- 平均數
- 百分率
- 長度、重量、容量
- 方向
- 三角形、四邊形、圓形
- 簡單代數
- 周界、面積、體積
- 速率

數學科常遇上的問題與解決方法

① 計算時粗心錯誤

解決方法：
- 動手寫算式
- 多練習，檢查答案

② 理解應用題有困難

解決方法：
- 動手畫
- 列表，用笨方法去理解
- 多看補充題，逐點解釋
- 培養語言能力
- 圖版遊戲

③ 未能明白某些概念，如時間、方向、重量、容量、比例

解決方法：
- 針對性訓練
- 指南針
- 玩實驗、遊戲

4 對乘數表不熟悉

解決方法：

‧ 多練習

5 對平面或立體圖形的想像有所困難

解決方法：

‧ 玩具立體圖形，分數比例

‧ 剪貼圖形

學習數學，一定要：

(1) 多寫，多畫，多動手，列表畫圖。

(2) 要為孩子提供趁手的工具：直尺、曲尺、三角尺、圓規、鉛筆、草稿紙。

(3) 不要過份操練，理解更為重要。所以錯題一定要認真改正。

(4)「數感」需要在日常生活中培養。平日多運用、估算，與孩子討論時間、金錢、空間等問題，增加他們學習數學的動機和自信。

數學科：考試前「臨急抱佛腳」溫習方法

如果考試前才發現孩子根本對老師教的數學一竅不通，那就太遲了。所以建議要平日親自檢查孩子功課，趁早發現他有哪些地方是不懂的，可以對症下藥，防患於未然。

考試前，針對孩子的弱項集中訓練：

· 如果孩子經常不小心計錯數，那就要給他四則運算的練習題，要求他每題複算，然後自己核對答案。

· 如果孩子不能理解題義，那就與他逐題分拆和研究，增強他對題目「提供的資料」和「要求」的敏感度。

· 如果孩子做得很慢，那就訓練速度。不要期望一次過解決問題，應該把難題分拆成小部分：把一份試卷逐個 section 設置時限，看看是哪些部分做得比較慢，然後再針對問題解決。如果有些 section 做卷速度有所增長，必須要稱讚，提醒他的每一個小進步，讓他有信心繼續前行。

· 集中弱點訓練。例如，孩子對「時間」題目特別弱，那就選擇一些關於計時的數學題。不需要一次過做幾十題操練，只需要幾題就足夠；否則孩子會眼花撩亂，猶如蜻蜓點水，印象不深。最重要是，父母事後要清楚解釋每題的不懂之處。

・由淺入深，讓孩子逐步掌握訣竅；然後再由深入淺，讓孩子越做越順，體會到滿足感，增強自信，享受每一個小進步。

容許孩子使用自己的方式去做算術

不同學校的小學課程，可能會用不同的方式去教導孩子計算同一條數學題目。作為父母，不要固執地認為「自己小學時學的方法才是最好」；反而應該鼓勵年幼的孩子跟隨老師所教的方法去做數，一來循序漸進，二來不會令他們感到無所適從。

有些父母會說：「學校教的這個方法實在太笨了！用我另一個方法計算，不是更快、更直接、更容易明白嗎？」

麻煩這些對自己數學很有信心的父母，要虛心一點，相信現今學校教的方法，與你「古時」學的計數方法是會有所演變的。你硬要用幾十年前的方法去教孩子，結果孩子既吸收不到老師的教導，又不明白你說的方法，「兩頭唔到岸」，愈來愈迷茫。

每一條題目都有多種的計算方法，最要緊的是先讓孩子使用「他自己理解的方式」；隨著成長，他會慢慢理解其他運算方法，融會貫通，學會「一題多解」。

背書的方法

小學生的背書方法：將課文拆成重點

背一篇課文，先背大標題，先記住每段大意。然後才背細節。

大標題的「次序」也是很要緊的。只要大標題記得清楚，那些小細節，即使遺漏了一些也沒關係。

許多課文，寫得很糟糕。例如常識教科書的課文，幾百字一堆堆的印滿整版；詞不達意，又使用一大堆意思相近或重複的詞彙。學生看見了，當然無從入手。

我教孩子如何將文章分拆成一個個大標題，然後把內容切成一句句，變成一個個 point（要點），這樣就整齊得多了，一目了然，條理分明，背誦和記憶更容易。回答問題時，也可以清晰明瞭。

醫學生的記憶方法

我和女兒們分享討論增強背書能力的問題。

雖說我從小背書能力強，可是到了大學讀醫，要記的知識，真是多得超越人類極限。

我們醫學生出盡法寶：

- 例如把講義一張一張貼在天花板，躺在床上一邊讀著入睡。
- 例如一邊聽錄音，一邊睡覺。
- 倒如臨睡之前粗暴地讓眼睛「硬吃」大量資料，然後企圖通過睡眠，將「短暫記憶」變成「長期記憶」。
- 甚至絕望得用近 1 吋厚、3 公斤重的教科書充當枕頭用，期望知識會透過 diffusion（擴散作用），自動流入腦袋。

當年我們醫學生讀書讀到痛不欲生，開始幻想各種不科學的辦法。「如果吃了這本教科書，可以記得入面的知識的話……」

「……我一定吃！」大家異口同聲。背書比吃書辛苦得多了。

「真是的，硬皮我也給你吃下去了。」可見有多痛苦。可惜吃書不能解決問題。

所以，當大女兒投訴：「我怎樣也背不到！人家就是不擅長背書嘛。」

我便裝作認真的樣子說：「那麼，你吃書吧。」

「咦！我不吃！」大女兒嬌嗔。我哈哈大笑。

讀書溫習的方式，人人不同，最終都是要靠自己摸索出來。

我想說的是，倘若我沒有在她小一至小三時強烈要求她背書，像許多父母般「你不喜歡背書，就不要背吧」，那麼她就永遠不會明白背書的諸多好處，不會學懂這種溫習方式。

尤其是，背書必須從小訓練。10 歲之後才開始背書，是事倍功半之事。

背書可以訓練專注力

許多教育專家認為，背誦的成效低。

他們說，用背讀方式應付測驗考試，只屬短期記憶及臨時策略；資料沒有經過思考，待考試後就會忘記；而長遠來說，在中學階段要學習自然科學、歷史等大量資料的學科，單靠背書根本應付不來。

我覺得，他們的想法太短視了。

作為一個「背書達人」，我認為背書是有用處的。背書可以訓練專注力。背了的課文將來可能會忘記，然而專注力就像肌肉一樣，訓練得愈多，就會愈強。

反正是，小學教的知識不是最重要，之後忘記了也沒有所謂。

但是「專注力」，終生都有用；即使是「短期記憶」的能力，也能夠在生活上各項工作中發揮出強大效果。

開始時一定是痛苦的，需要自律，就像上健身室一樣，起初做完渾身酸痛、苦不堪言；但是只要不放棄，堅持 3 個月、半年、1 年……舉重的重量就能慢慢升高，跑步機上的氣喘亦會逐漸減少，最終會體現到無限好處。

我到了這個年紀，回頭細想，

當年的「死記硬背」，以及填鴨式考試，對我有什麼用處？

> ''
>
> 背書不是為了長期記憶知識，
> 而是一種體魄與心智的訓練，
> 可以培養專注力和堅毅意志。

考試也一樣。

> ''
>
> 考試不是為了求知識，考試是為了訓練解決問題的能力。

我的背書經驗 ✈

我小時候很會背書，中、英、社會、科學、健康教育，每篇課文連同標點符號，都背得滾瓜爛熟。

起初是「虎媽」逼我背的，後來成了習慣，又發覺背書十分有用，便自發地背個不亦樂乎。

背書，要從小訓練。小時候思想簡單，稍為專注一點，就能把東西記牢；長大後事多複雜，難以靜下心來，記憶力就遜了，再用功也嫌太遲；所以孩子要趁早學習背誦。

不知從哪時候起，教育專家呼籲不要讓兒童背書，說只是硬記而不求甚解，不算是學習，徒然浪費氣力；而且，背書辛苦無趣，會減低兒童的學習意欲云云……

啊，新一代，什麼都講求「不勞而獲」。

我個人的經驗是，背熟了的知識和文句，印在腦海中反覆咀嚼，漸漸吸收，終有一天融會貫通，恍然大悟，比別人了解得更深入透徹。

倘若一個人背熟了書、但過了很久仍然不明甚解的話，那有兩個可能：要麼知識太深奧，要麼他實在太笨。是個人的問題，而不是「背書」這個行為的問題。

其實背書怎會沒有用呢？

上一代才華橫溢的學者，哪個不是自幼四書五經琅琅上口？南懷瑾、白先勇，都曾撰文叫人多背誦詩詞文章，所謂「讀書破萬卷，下筆如有神」。

讀科學、醫學就更需要背書：連基本知識都未記牢，憑什麼能在已有的基礎之上創新立意、更上層樓？

「讀書只需要理解，不必花時間背誦。什麼資料都能在互聯網上找到，為什麼還要辛苦記住呢？」

但有些時候，背書更像一種修行；專心致志、心無旁騖、徜徉回味的那種境界，跟淺層的閱讀與理解是天壤之別。就好像書法，像心算，並非純粹實際上需要，箇中意義是不同的。

背書會減少創意？

又有人說，背誦會「扼殺創意」，影響自由思想。

查明此事並無科學實據，說不定只是偷懶的藉口。

真正匠心獨運的人才，應該不會被任何事物掩蓋了天份——李白和莎士比亞背過的書，只怕比你我都要多。

沒有創意的人，即使一輩子不背書，也憋不出新點子來的。

像我自己，很清楚是那種天生沒有創意的人；幸虧背了書，否則，就真的一無是處了。

了解弱項，重點溫習

教育專家說：

「每次考試後，父母要跟孩子一起檢討答題技巧，理解他們出錯及不明白地方。」

這當然是最理想的。可是，現實往往與理想有一段距離。

現實是，考完試，孩子猶如籠中鳥被釋放，老師改完考卷發下，最快都要 1 星期之後；那時候，誰還會有心情去研究答題技巧和反省錯處？

況且，父母自己經過這 3 星期的溫習之後，已心力交瘁，亦提不起勁來督促孩子去逐題檢討錯處。

通常我的折衷方法是：快速瀏覽考卷，在手機上記下每個女兒各科的問題與弱項。

下一次測驗考試時，就把這些問題列舉在家中牆壁的白板上，再加上近期學校功課和練習卷上的弱點，作為重點溫習方向。

大女兒:

中文： 寫錯字、閱讀理解答案不夠詳細、作文不貼題

英文： Past perfect tense (不小心)、Spelling

數學： 分數乘除、不規則圖案面積 (不小心)

常識： 寫錯字

小女兒: >□<

中文： 重組句子、閱讀理解 (找詞語)

英文： Preposition、past tense、comprehension

數學： 三角形、統計圖

常識： 題目理解、常識不足

了解孩子每科的弱項，需要父母非常細心觀察和客觀思考。孩子的強、弱項，會隨著時間不停改變。所以，父母必須努力不懈。

我經常鼓勵父母參與孩子在小學時期的考試溫習，因為這是了解孩子思想和性格發展的一個好機會。孩子未必永遠會循著父母期望的框架成長，仔細觀察，往往有意想不到的發現與驚喜！

談「操卷」

操卷，內地稱「刷題」，指大量做題，不停地做卷。

溫習時間表的第二週，主要是做卷。

卷從何來？

· 同校舊生的舊卷

· 外邊坊間買回來的練習卷

· 網上下載的模擬試卷

· 呈分試的歷屆試卷

· 有些網站會容許家長會員，以自家孩子的舊卷，交換其他學校的舊卷。

· 補習班會在測驗考試前出模擬試卷。有些專業的，還會度身訂做，根據孩子所讀的小學的出卷模式和程度而設計模擬試卷。

· 孩子自己做過的學校練習，重複再做一遍。

· 許多補充練習網站，有動畫、有聲音的「互動教學」，並標榜有過千本補充練習的題目，不過用手指按鈕回答問題，跟學校的手寫考試卷有分別。

我家是：大女兒做外邊買的補充練習；小女兒做姊姊留下來的舊卷。

常識科的學校工作紙，由於加入了許多校本特色，我也讓她們重做一遍。

由於我家的考試溫習只有 3 星期，因此不需要很多卷。

我見有些朋友，努力認識同校不同級的同學家長，為的是搜羅近 10 年的舊卷；又在網站下載交換其他學校的試卷。

我不知道他孩子怎做得了這麼多。可能是全年不停地「操卷」，每星期每科 3 份？

> 我的經驗是：小學生，卷不用做太多。

孩子做得多，等於你要替他改卷得愈多，那是自找麻煩，很費父母的時間精力。

但也不能只做一份。

那麼該做幾多呢？

3 星期裏，頭 1 星期每科做一點，找出弱項。

第二星期，針對弱項，專做一些題目的補充練習。

到了考試那天前夕，只做一份作為心理適應，就很足夠了。

做卷訓練

1 看清楚問題

許多時候，孩子心急，未看清楚題目就寫下答案，以致答非所問，或忽略細節、答案不完整。

另外是答題方法。例如題目叫孩子圈出正確答案，他卻用了劃線，那就明明懂得也被扣分了。

2 計時

準備一個計時器，一份卷 45 分鐘，要求孩子在所限時間內做好。如果提早做完，就要用餘下的所有時間檢查答案。

（能夠計時固然是好。可是如此一來，父母要時刻監督孩子，那就特別困身了。）

③ 跳題

遇上不懂的題目，要學懂在適當的時候「跳題」，不要苦苦糾纏、浪費時間（人生也是如此）。由淺入深，先做會做的部分，穩穩當當地得分。

④ 父母不陪做卷

父母不要坐在旁邊陪同孩子做卷，因為實際考試時也沒有家長在旁。孩子遇到不懂的題目，身邊沒有人問，才能培養「自己想辦法解決」的習慣。

⑤ Check 卷

在家練習做卷，一定要孩子習慣做完後從頭到尾檢查最少一次。

檢查方法，可以從頭到尾、從尾到頭，又或者先檢查比較艱難、容易出錯的部分。也可以是：遮住答案重新做一次，第一次檢查串字、第二次檢查文法……螺旋式的反覆檢查。

做卷／刷題，不宜太多

做補充習作，不是愈多愈好，而是要切合兩點：

1. 對症下藥
2. 改正錯誤

無論你花了多少心思和金錢、買了多少份補充習作回家也好，記緊千萬不要要求孩子全本做完。只需要選擇其中有關的少量練習，就可以了。

補充練習不宜做得太多。為了使孩子能夠在考試中保持一點點緊張興奮、而發揮出水準，就不能讓他們產生厭倦感。

更要緊要的一點：補充練習做得越多，父母要改的卷就越多！

雖然末頁有答案，但是若果有錯，父母就要進行以下工作：

· 先了解孩子為什麼錯，推想孩子在哪一方面出了紕漏。
· 誘導孩子發現自己錯了什麼。
· 讓他改正。
· 改正完之後，父母要再檢查。
· 如果仍然有錯，父母又要先思考孩子究竟不明白什麼。

- 繼續引導他尋找正確答案。
- 重複以上步驟直至孩子清楚明白，以及印象深刻，好讓下次不會再犯同樣錯誤。

實在是太辛苦了。

所以，千萬不要做太多補充練習。

做卷，最要緊是改正

無論做錯了做對了，孩子都必須知道正確答案，否則，做了等於沒有做。

做卷不是愈多愈好。替孩子改卷、對答案、改正，才是最重要。

必須預留充足時間做改正，重溫一次做過的練習。

到了大一點，可以讓孩子自己核對答案，印象可能更深刻；父母也節省許多時間。

我小時候，母親問人借了舊試卷，拿去影印店複印兩份。原稿歸還給人家。在一份副本上用塗改液逐個答案塗去，然後再拿去複印，讓我做；我做完後，就根據另一份副本上的答案核對。

那個年代，使用舊式塗改液，是很痛苦的事。

這些舊試卷，她會仔細分類收藏；待比我小兩年的妹妹考試時，再拿出來給她做。

我很少會做坊間售賣的補充練習，因為父親會親自出試卷給我！他出的卷，程度遠比學校的高；如果我會做他出的試卷，那麼，學校的考試簡直是「小菜一碟」。

回想起來，當年父母花在幫助我溫習的時間和精力，真是比我同學的父母用功許多。在讀書上，我一直都是被「富養」的，因此，我在這方面特別有自信。

同時，在讀書這個範疇，我從來不認為父母給我任何壓力（他們給我的壓力在所有其他方面）。其中一個原因，是我只會在考試前兩週才開始密集式溫習。

平日，我不用去補習，也不用做舊卷、補充練習；只需要應付日常功課和每週默書，就可以了。讀書，從來都不是壓力來源。

現今科技先進，準備舊試卷就容易得多了。

試卷拍照後，手機程式可以自動刪去所有手寫的答案，將舊試卷變得乾乾淨淨；家裏有影印機，可以直接列印出來，整個過程不過兩秒。

不僅如此，程式還懂得自動挑選錯題，剪貼拼砌成一份為你孩子「度身訂做」的試卷。

不過，由於許多學校都有校本課程，每間學校教授題目的次序都不同，甚至每年都會改變；因此，為孩子挑選合適的舊卷、列印、以及整理，對於在職父母來說是沉重的工作量，需要許多耐性和時間。

尤其是那經常失靈罷工的影印機，簡直無時無刻都想砸了它。

Tip 題（猜題）

我自己溫習考試，會下意識地猜猜老師會出什麼題目，以決定溫習的重點。

猜題，需要天份和經驗，要細心、有常識、懂人性。我教不到我那兩個神經大條的女兒猜題目。

先從 3 萬呎高空俯瞰。小學老師出題的目的，是要讓大部分人合格，所以不會盡出冷門知識或大部分人都要答錯的東西。

倘若不合格者太多，老師也要向部門交待、寫報告的，非常麻煩。

因此，在溫習和答題時，心中存著「如果我是老師，我希望大部分人如何回答」這個想法。

然後總有一、兩題特別艱難，以分辨那 1% 出類拔萃的學生。只要意識到這兩題的用意，做卷時就懂得該否糾纏了。

1 預測試卷模式

考試之前，老師會出溫習卷，內容模式跟正式考試相近，必須仔細研究其規律，任何一個細節都不放過。

每間小學的出卷模式不同，每個年級也不一樣，例如：

- 中文試卷，是先做 5 題填充，然後 2 題重組句子、6 題改錯別字、1 題造句、2 篇閱讀理解，最後是短文寫作。
- 數學試卷，是先做 3 題列式，然後 10 題選擇題、2 個圖表、15 題短答、4 題複雜長答；最後 1 題是打了星星的，代表特別有挑戰性。

2 估計答題長度

要答多長？看分數。倘若題目總分是 3 分，即是要答 3 個點；4 分即答 4 個點。有時是 2 分 1 個點，有時是半分 1 個點，視乎常理。

安全起見，可多寫 1、2 個點，以防有些寫錯了。

不知道要答多詳細時，可以看回答欄有多少行線。倘若有 3 條線，就務必寫上超過 2 行的答案。如果只有 1 條線，短答案就足夠；如果此時你寫了 4 行，就幾乎可以肯定你是答非所問了。

③ 留意老師的提示

臨考試前的課堂，老師一般會給學生一些「貼士」（Tips），反覆教授清楚那些必考的題目；學生必須學懂聆聽那些弦外之音。

不同老師有不同特性，有些會明顯「放水」（故意通融），有些非常含蓄，有些則會三緘其口；但是甚少會故意講相反東西來混淆你的。

揣摩出題老師的想法，跟你將來揣摩老闆、客戶、另一半、子女等的想法一樣，是從小訓練的待人處世之道。

④ 參考舊試卷

然後是研究舊卷。我在中學會考、高考、至到成為醫生後考病理學專科試，都會仔細研究過去 10 年的舊卷。

除了了解考卷長度、形式次序、長短時間分配之外，也要有系統地剖析出題規律。

哪些是每隔一、兩年就重複出的題目？哪些是出了一次後發覺太難／太容易而以後不再出的題目？哪些是近年潮流趨勢？如果每年都有一道跟時事有關的題目，就要準備好今年的時事題材。

用固定方式提問和回答的考題,可以用於哪些題目?例如,相似的問題,舊卷問過肺癌、肝癌、前列腺癌,那下一次可能會問腸癌、乳癌等,故有關的癌症都要準備好這幾點答案,那就萬無一失了。要學會舉一反三、聯想。

⑤ 以常理去考試

考試時,一邊根據考卷的設計,推想時間和字數的分配,一邊假設自己是出題者和改卷人,猜測他們想你回答什麼,就給他什麼答案。

說到底,考試並不反映真正實力,大家不過「例行公事」而已。不論是老師還是學生,簡單做好份內之事後,大家高高興興下班就是了,誰也不要難為誰。

3 種不同類型孩子的溫習方式

順著孩子的天性，調節溫習方法

VAK 學習風格是一種學習理論，將學習者分為 3 種類型：

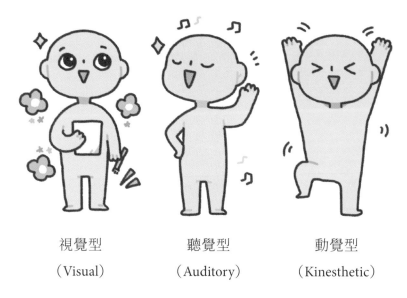

視覺型	聽覺型	動覺型
（Visual）	（Auditory）	（Kinesthetic）

這 3 種類型分別代表了學習者偏好的感官輸入方式：看、聽或動。

VAK 的理念是：如果教學方法和學校活動能夠符合學生的學習風格，那麼他就能夠讀得更好。

雖然沒有大型研究數據支持，但是 VAK 的理論仍然很受歡迎，因為它可以幫助父母了解孩子的學習表現，例如：為什麼同一種溫習方法，用在哥哥身上十分有效，用在弟弟身上卻是災難？

父母自己喜歡的方法，未必適合孩子。順著孩子的天性，調節溫習方法，就能事半功倍。

然而，這些學習風格並不相互排斥，很多人會結合不同的方式學習。隨著教育多元化，孩子不能只依靠自己擅長的學習方式，他們也需要培養其他型態的學習法。

舉例說，傳統教學以閱讀和寫字為主；一直以來，「視覺型」學習者較佔優勢。可是，近年學校愈來愈注重演講、討論、實驗、實地考察、研究項目等新型教學；另一方面，利用影片和資訊科技等工具的教學模式，也愈來愈普遍。因此，純視覺型的學習是不足夠的，必須逐漸訓練出一定程度的聽覺和動覺型的能力。

不同孩子，有不同溫習方法。

父母的最終目標，是協助他們摸索出一套最適合自己的方法。

你家孩子，是偏向哪種學習風格呢？

視覺型 ✏

我和大女兒都是視覺型學習者。

在傳統教育模式中，視覺型學習者佔了優勢。許多科目知識，主要靠黑板、閱讀、紙張等視覺資訊方式傳授；考試也以筆試為主。

從象形文字發展出來的中國方塊字，一般來說，視覺型學習者會比較容易記憶。

視覺型學習者需要寧靜的環境，太多聲音和動態的干擾，會影響吸收過程。

光線固然是重要的。另外，由於他們會長時間使用眼睛，要小心保護視力，和注意眼睛的休息。

隨著教育方式的轉變和多元化，以聲音、實地考察、實驗、小組討論等的教學方式和考試方式，成為視覺型學習者的挑戰。

以下是適合視覺型學習者的溫習方式：

① 製作彩色筆記

用七彩顏色的原子筆來記錄知識點，用各色螢光筆來標注和突出重點，可以幫助記憶，以及區分不同的主題或概念，同時更容易回想相關內容。

② 圖表和圖像

使用圖表、圖像、地圖、時間軸等視覺工具，來整理資料和呈現資訊，可以幫助理解和記憶關係和流程。

③ 使用貼紙和標籤

在重要的筆記、教科書和練習題上使用貼紙或標籤，有助於快速地回顧和複習。

④ 利用視覺多媒體

利用多圖的教材、影片、動畫及漫畫，能加強對知識的理解。

5 繪製思維導圖

繪製思維導圖（Mind Map）、頭腦風暴（Brainstorm）等來整理和梳理知識，可以幫助拓展和深化思考。

 6 塗鴉

塗鴉能表達自己的想法或感受，也幫助發揮創意和想像力。

 7 製作提示卡片

將重要的知識點製作成小卡片，用來複習單字、定義、公式等，並與相關圖像配對，這能夠加強記憶和回憶。

 8 張貼海報

用海報、拼圖、拼貼等手工，來展示自己的學習成果，或利用故事板創作來展示學習的過程和內容，有助加深印象和提高興趣。

⑨ 重複閱讀或背誦

視覺型學習者，適宜用重複閱讀或背誦的方式，來鞏固和記住資訊，提高準確性和速度。

聽覺型

我的小女兒是聽覺型學習者。

聽覺型學習者喜歡透過聽聲音來吸收知識，因此老師的敘述能力對他們而言，尤其重要。

他們擅長用說話來表達自己，所以在考試中，小組討論、演講、朗讀，以及聆聽理解、音樂等部分，會表現得比較好。

聽覺型學習者通常很喜歡說話。所以在課堂上，常被老師點名話太多，騷擾別人聽課講課。

在一些需要長時間維持安靜的環境的考試方式，有時會把聽覺型學習者憋得發慌，成為他們的最大挑戰。

以下是適合聽覺型學習者的溫習方式：

1 高聲朗讀和背誦

用朗讀的方式去記憶和背誦課文，最適合這類型的學習者。

② 錄音筆記

用錄音筆或手機來錄製自己的筆記，反覆聆聽自己的聲音，幫助記憶和理解。

③ 使用音頻教材

語音朗讀、語音指導、錄音課程和廣播，這些聲音材料，能有助更好地掌握知識。

④ 進行小組討論

參與小組討論，聽取他人的觀點和意見，並用問答、討論、辯論等方式，來增加學習的趣味性和挑戰性，提高思考和溝通能力。

⑤ Rap

用歌曲、押韻、口訣、急口令等工具來複習，有助吸收和享受資訊。

6 利用口頭解釋

將所學知識口頭解釋給他人或自己，有助理解和
整理內容。

 7 聽故事和講故事

透過聆聽故事、或故事演講，能夠讓聽覺學習者
更加深入體會相關觀點和內容。而角色扮演、模
擬對話、模仿聲音等創意方式，可以幫助發揮想
像力和創造力。

 8 音樂減壓

聆聽喜愛的音樂，來減壓和放鬆，以改善心情，
提高效率。

動覺型

動覺型學習者，是通過身體動作或觸覺體驗來學習的人。

他們喜歡通過動作、實驗、手工活動等來學習。他們擅長動手解決問題，身體協調性和運動能力很強。

可以想像，傳統的教學模式，對動覺型學習者不太有利。傳統班房要求學生「坐定定」、把注意力集中在黑板和書本中，這對肢體動作較多的孩子來說，有一定的難度。

但是，反過來看，動覺型學習者屬於「行動派」，勇於實踐；比起只看不做的視覺型學習者、或只聽不做的聽覺型學習者，也可以有其優勢。

動覺型的孩子，與其要他們反覆溫習，不如付諸行動，爭取實戰經驗。

以下是適合動覺型學習者的溫習方式：

1 分拆功課和練習（Break down）

做功課和補充練習需要長時間「坐定定」，對動覺型孩子是挑戰。父母可以將一份補充練習分拆成多個小部分；每次孩子完成一個小部分後，就可以離開座位 5 分鐘，以減少坐定時間和不耐煩的情緒。

即使是作文功課，也可以讓他每次寫一段，不追求長篇大論。雖然減低效率，但能夠緩和情緒。隨著成長，再慢慢加長坐定的時間。

2 轉換溫習場景

準備幾個不同的溫習地點，例如書房、飯廳、客廳、咖啡室、圖書館，滿足他們移動的需要。

3 利用教具實物和實際操作

使用拼圖、積木、模型、科學實驗，讓他們透過實際觸摸和操作，來記憶和理解內容。

不喜歡坐定定寫字的話，改用粉筆、沙、泥膠、剪貼、壁報等，代替紙筆溫習。

④ 讓孩子做老師

角色扮演，家長讓孩子做老師，用他們心目中的方法將知識內容演繹一次，加深印象。

⑤ 進行實地考察

到博物館、動物園、植物園等地進行實地觀察和學習，能幫助理解相關主題。

外出之前，最好先閱讀有關知識，那麼考察學習的效率才會更高。

⑥ 利用手勢和動作

在溫習過程中使用手勢和動作，包括：數手指、跳舞、角色扮演、手勢模擬單詞意思、身體模擬物體的形狀等。把要溫習的內容，透過聲線扮演，甚至是肢體動作演繹出來，這樣有助快速記入腦。

⑦ 善用節奏感

由於動覺型的孩子有很強的拍子感和節奏感，讓他們「郁身郁勢」甚至「rap」著去讀書，效果會更佳。

我在網上看到內地一位歷史老師，把流行曲歌詞改成歷史事件（如朱元璋、李自成的生平）。學生們在課堂上一邊唱，一邊做動作，非常熱鬧興奮；甚至在額頭點了「戒疤」，模仿朱元璋年輕時曾經出家為僧，在玩樂中，輕鬆把歷史人物的生平大事、背景年份全部背下來了。

近來大女兒介紹我看內地網紅「小少焱」。他擅長以 rap 的方式，把中國歷史、神話、文學文化等描述出來。例如一曲《上下五千年》，竟從黃帝蚩尤一直說到清朝晚期，澎湃的節奏和押韻的歌詞，聽得人熱血沸騰。《悟空傳》說的是《西遊記》，《李太白》囊括了李白最膾炙人口的詩句，還有《滿江紅》、《出師表》等等，學習中史和文化毫無難度。

另外還有外國網紅 Asap Science，唱出整個元素週期表；A capella Science 無伴奏合唱團，一個人唱出十多個聲部，將生物、化學、物理的科學知識，表達得條理分明，真是說不盡的才華橫溢！

8 遊戲

以遊戲、競賽、挑戰等有趣的方式來複習。例如用記憶卡比賽，用計時器測試速度，用洋娃娃來進行搶答問題等。

9 進行團體學習

參與小組活動，以合作學習的方式，互相教導和學習，與朋友一起分享心得，特別適合動覺型學習者。

10 運動減壓

在溫習前後，做深呼吸或伸展運動，減壓和放鬆自己。溫習倦了就去運動，到家樓下跑兩個圈。

的確，要協助「動覺型學習者」孩子溫習考試，父母得多花點時間和心思。

有經驗的父母告訴我，對待動覺型孩子，心態一定要「慢」。慢慢來，不能著急，要有耐心，保持親子交流。在開始時辛勞些、勤力些，多嘗試不同的溫習方法；假以時日，孩子定會建立出一套屬於自己的獨立溫習方式。

費曼學習法 ✈

生理期腹痛，吃止痛藥。女兒看到，問：「上次你頭痛，也是吃這個藥；它怎知道你身體哪一部分痛呢？」

我說：「身體發炎不適時之所以會疼痛，是因為細胞會活化環氧化酶（cyclooxygenase，COX），使花生四烯酸（arachidonic acid）轉變為前列腺素（prostaglandins），引起紅、腫、痛、熱以及血管擴張等反應。止痛藥能夠抑制 COX，以阻斷 arachidonic acid 被轉換成 prostaglandins 的程序，進而產生消炎止痛的效果。」

女兒一臉茫然：「根本不明白你說什麼。」

我想了會兒，換個方法解釋：「止痛藥黏住了 COX，然後警告 COX『你別再弄那些令人發炎疼痛的東西了』。COX 是個膽小鬼，乖乖地聽話；於是身體不再痛了。」

女兒明白了，露出滿意的笑容。

諾貝爾物理學獎得主、量子電動力學始創者、納米技術之父李察・費曼（1918-1988），曾經提出非常著名的「費曼學習法」，能夠快速有效地學曉知識課題，共分 4 個步驟：

1. 學習一項新的東西
2. 將這項東西教予完全不懂的人，例如孩子。
3. 在教授的過程中發現自己未曾理解的地方
4. 回頭重新學習，然後精煉簡化。

自從有了孩子後，我就很自然地不停使用「費曼學習法」。不論是日常生活技巧、簡單如刷牙進食換衣服，還是醫學科學知識、社會時事、人際關係、文學藝術電影、歷史宗教哲學等等，我都需要使用最簡單的詞彙、最原創的表達方式，讓一無所知的幼兒能夠明瞭。

在解釋的過程當中，我經常會發現自己其實仍有許多不甚明白的地方（包括自己的醫學專業知識），促使我回頭去查證、研究、思考；再用自己的話，解說給孩子聽。最後，學得最多、得益最深的，竟然是我自己。

跟孩子講武俠小說、與讀者在專欄上交流，其實也有同樣效果；所謂「教學相長」，大概就是這個意思吧。

各級小學生的溫習程度

小一至小二

1 練習閱讀和造句（中文及英文）

· 學會流利地閱讀和理解文章，並能夠寫出完整句子。

· 掌握基本的文法、詞彙和標點符號的規則。

2 複習數學的基礎知識

· 熟悉一百以內的數字，以及加減乘除的運算。

· 學會計算錢幣、測量長度和時間、識別平面圖形和解讀圖表。

3 準備考試用品

· 帶齊文具，例如鉛筆、橡皮、尺子等。

· 確認能在考卷上寫上姓名、班級和座號。

④ 保持良好的心理狀態

· 在考試前有充足的睡眠，並且吃一頓合適的早餐。

· 在考試中保持冷靜和自信，不要被難題或其他同學影響。

⑤ 檢查答案

· 交卷前仔細地核對答案，確保沒有遺漏或錯誤。

· 注意答案是否清楚和完整，並且符合題目的要求。

小三至小四

① 詞彙手冊

· 準備詞彙手冊（一本中文，一本英文），用來記錄一些常用的單詞和短句，幫助在寫作時有更多的選擇。

· 可以根據不同的主題和情境來分類詞彙，例如：家庭、學校、健康、旅遊等。

② 複習英語文法（Grammar）

· 複習學校做過的題目，確認對文法規則有一定的掌握。

· 找出常犯的錯誤，並且記住正確的用法。

· 利用網上資源來學習和練習文法。

③ 練習寫作

· 中文：注意段落結構、主題和細節，避免重複和贅詞。

· 英文：注意句子結構、時態和標點符號，避免錯別字和文法錯誤。

④ 多做數學練習題

· 熟悉數學公式和計算方法。

· 理解題目的意思，分析問題的要求。

· 檢查計算過程和答案是否正確，避免粗心失誤。

⑤ 減少遊戲時間

· 在考試前，減少玩遊戲和使用電子設備的時間，讓自己專注學習，提高效率。

小五至小六

① 制定學習計劃

- 根據課程表和考試時間表,安排好每天和每週的學習目標。
- 平衡學習和休息,避免過度壓力或疲勞。

② 複習筆記和課本

- 重溫課堂上學過的內容,並且強化基礎知識和重點概念。
- 整理筆記和課本,標注出不清楚或者容易忘記的部分。

③ 舊試題和模擬題

- 利用網上或書本上提供的舊試題和模擬題,來測試學習成果。
- 參考答案和評分標準,提高答題技巧。
- 做模擬卷時要計時,以評估自己能否在有限時間內完成試卷。

④ 參加補習班或小組學習

‧ 如有需要，尋求專業協助，解決在學習中遇到的困難。

‧ 與其他同學交流學習心得，增加學習動力。

⑤ 保持自信

‧ 相信自己的能力，在考試期間保持冷靜，專注於題目，並
  鼓勵自己可以做得很好。

考試時期的日常生活 ① 飲食篇

千萬不要特別炮製「營養早餐」

有些家長，看了育兒專家們的介紹，在考試期間突然煮製充滿各種營養的豐富早餐。

或者想著孩子讀書辛苦，特地買些平日不吃的精緻貴價的甜品，去慰勞他們。

又或者家長趁請假在家陪讀時，有許多空閒，順便研發的新菜式，然後要孩子吃下去。

孩子面對考試，心理壓力已經不少；倘若身體還要適應飲食改變的壓力，豈不是百上加斤？

任何改變（即使是好的改變）都會帶來壓力。所以，考試時期，要讓孩子一直吃平日習慣吃的食物。

「可是，平日孩子吃糖漿薄餅、巧克力餅乾這些無營養早餐，太多糖份會否影響專注力？」

「平日早餐多吃粥或麥皮，是否應該加些蛋白質呢？」

「可是，我的孩子平日不吃早餐；考試時需要大量精力，我是不是要迫他吃些東西才上學？」

若要孩子培養好的飲食習慣，應該在「非考試的日子」進行。千萬不要在考試期間才改變飲食習慣！

三軍未發，糧草先行

考試前，跟孩子一起去超市挑選食物。

這是一個儀式，考試之前的一個重要準備。所謂「三軍未發，糧草先行」，考試週前必須在家中準備好充足的小食，包括：早餐、帶回學校的小食、在家溫習的茶點、飯後水果等。

雖然都是平日吃的東西，但是必須確保在需要時能手到拿來，尤其當家長也處於緊張狀態，緊急時突然要「撲出撲入」購買、挑選，會增添壓力。

考試時期，必須預先將任何創造壓力的可能性減到最低。

之前說過，不習慣吃的食物不要亂吃。但是，如果孩子在超市看到平日不常吃的零食又很想購買，父母可以視乎份量和品質，酌量購買；例如一點點糖果和巧克力。

但是太多就免了。

雪糕這類容易引發肚痛、或有食物中毒風險如生蠔、刺身等，就千萬不要。

告訴他，考試之後才盡情吃。（當然，你必須信守承諾，否則孩子會扭計。）

避免孩子扭計（鬧彆扭），去超市前要「約法三章」。

考試前，一起去超市挑選食物，是個既有效又容易做到的親子節目。

既對考試有實際幫助，又輕鬆減壓，還可以讓孩子感受到你的愛與陪伴！

讀書時讀書，零食時零食

千萬千萬，不要一邊讀書，一邊吃零食，否則，結果大家都知道——會愈來愈肥胖。

如果養成習慣，就大大糟糕了。

隨著成長，溫習的時間愈來愈長：中學要讀的書一定比小學多，公開試要全日無間斷地做卷，大學時通宵達旦地做項目、寫論文。

倘若養成了「一邊吃、一邊讀」的壞習慣，將來吃零食的時間只會愈來愈長，吃的份量只會愈來愈多，而且對消化也不好！

所以一定要戒，即使是健康的水果蔬菜，也不可以！

> 「讀書時讀書，零食時零食。」

想吃時，放下書本，離開書桌，去房子的另一角專心地吃；吃完，才回到書本上。

「可是，孩子每隔 15 分鐘，就想吃東西！」

即使如此，也是一般辦理。15 分鐘就 15 分鐘。無論如何，
都必須把「讀書」和「吃東西」分開。

心理上的分開，和身體上的分開。

況且，實際考試時，根本不會有機會一邊寫一邊吃啊。

既然溫習時要模擬考試時的身心狀況，就更不應該讓食物摻
進來。

考試時期的日常生活 2 生理時鐘篇

調整生理時鐘：早睡早起

考試前兩週開始，規定每天起床和睡覺時間，養成習慣。

將最精神、狀態最好的時段，調節至考試的時段。例如，如果早上考試，就把早上 3 小時調節為最好狀態；如果下午考試，就把下午 3 小時調節為最好狀態。

最重要是，即使週末假日也不能例外！

· 即使週末很晚才上床睡覺，週日早上也必須準時起床。

· 即使前一晚溫習得很晚、或因為緊張而失眠，也絕對不是翌日晚 1 小時起床的藉口。正確做法是下午補眠，或者晚上早點睡覺。

研究顯示，定時起床，是提高記憶力、體力和運動能力的主要原因；而非整體睡覺時間的長度。

家長以身作則

另外，家長也要以身作則，與孩子一樣早睡早起；不但能夠讓孩子心服口服，也令他們有「爸媽身體力行，與我一起面對考試」的感覺，感受到支持和陪伴，而不是他孤獨一人在戰鬥。

你會說：

「我要上班、做家務、處理生活瑣事、應酬社交，怎有時間睡 8 小時呢？」

這世界沒有做不到的事。自從你成為父母之後，已經變成無所不能的超人了，不是嗎？

況且，又不是叫你爬喜馬拉雅山，叫你睡覺而已，有心，就一定做得到！

整天開口閉口，叫孩子「快點上床」、「一定要睡足 8 小時！」而你卻在滑手機、煲劇、短視頻看完一個又一個；明明累透了，也不肯睡覺。

「只許州官放火，不許百姓點燈」，你怎樣能令孩子信服？

家長們，你也試試早睡早起，一天睡足 8 小時，你會發現，對情緒、健康、工作效率、思維決策也大有好處呢！

晚睡遲起 ✈

開學了，眾媽媽擔心孩子勞累，一到晚上 9 時，就連聲催促他們上床睡覺。專家說，孩子每天要睡 10 小時，最好晚上 9 時前睡著，翌日 7 時起床。

大女兒讀小學三年級，近來常在床上輾轉反側，一會兒將洋娃娃排來排去，一會兒在床頭燈下偷偷閱讀；到了 11 時許，仍未睡著覺。

倘若你的孩子也是如此，你會怎樣應付呢？

像所有煩人的母親，絮絮叨叨地催促她睡覺？跟她解釋早睡的好處，說一番大道理？高聲恐嚇「再不去睡，就起來抄寫詞語」？與她分享「20 種有助入睡的方法」？促膝談心，了解她是否有心事？計劃如何將日間時間表編得再緊湊一點、加多些體力勞動，以助她晚上容易入眠？

我沒有，因為回想自己少年時，這些方法都沒有用的。

我老實地向女兒分享經驗：「我記得，我也是小學三四年級開始，晚上愈來愈難睡著覺；往往到了晚上 10 時後，才是最精神奕奕的時候。讀書做功課，愈夜愈專注、愈有效率；可是早上卻起不了床，勉強起來上學，有如行屍走肉。」

父母反覆叮囑、責罵、威逼、利誘；而自己日間上學精神不足，亦苦不堪言。眾人言之鑿鑿，堅稱「早睡早起身體好」；但少年的我始終無法做到，一直深覺慚愧內疚。

我告訴女兒：「直至很久以後我才知道，原來有醫學研究證實，當人類進入青春期時，生理時鐘（circadian rhythm）會有所改變。促進入眠的褪黑素（melatonin），會延遲至晚上 11 時後才分泌，導致深夜精神抖擻，而日間卻不願起床。」

因此，青少年晚睡遲起，未必一定是態度問題；更大可能是生理上的轉變。難為我自己，還白白愧疚擔憂了那些年呢。

對於逐漸長大的女兒，我無法強迫她一定要晚上 9 時正熟睡，也不願意怪責她 11 時還未睡著。雖然睡眠不足的確對身體有壞影響，但至少可以讓她知道，這不是她的錯，而是無法避免的生理變化；早睡早起，唯有盡力而為而已。

考試時期的日常生活 3 溫習環境篇

在家溫習的環境，最重要的兩點：安靜，燈光充足。

安靜

> 安靜是培養專注力的首要條件。

孩子溫習時，家長（以及家裏其他人）不應該長開電視，不應該讓手機發出聲響，不應該煲劇，不應該在電話上大聲聊天。

有弟妹的，不應該在喧譁玩鬧，騷擾兄姊溫習。

有些孩子，並非天生沒有專注力，而是被家長搞壞了。

孩子正在專心讀書或做練習卷時，父母突然走去問他：「要不要吃水果？」「肚不肚餓？」「冷不冷？」「需要幫助嗎？」

這些無聊的騷擾，只會打破了他的專注力，使他習慣隨時被打斷。

「專注」是要習慣的，最好是從小培養。除非發生火警，否則千萬不要騷擾一個正在專心閱讀或思考的孩子！

燈光充足

有些家庭，喜歡長期保持室內燈光陰暗；除了省電之外，這些家長小時候應該很少看書。

因為，習慣閱讀的人，一定會讓家裏每個角落都有充足的燈光。

在陰暗的地方溫習或看書，會造成眼睛長期疲勞，精神消耗極大。精神不充足，溫習效果自然大減。

書房書桌是必要的嗎？

倘若家庭環境許可，讓小學生擁有自己的書桌，以表示家庭對學習的重視，當然是好。

但是，書桌是必要的嗎？

之前新聞報道說，劏房家庭的孩子，沒有自己的書桌，導致成績不佳。

事實上，會讀書的孩子，不會因為有沒有私人書桌或豪華書房，而影響自己的進步！

除了寫字、做練習卷時應該要有高度合適的桌椅之外，其他時間，如溫習課本、背書等，其實是不會長期坐在書桌前做的。

我個人溫習的經驗，喜歡在不同的角落溫習，愈多角落愈好。

準備不同的溫習角落

例如我背書時，有時會躺在床上背，有時會拿著書本在客廳走來走去。

做舊卷時，未必一定會在書桌上做，有時可能會去飯桌上做，有時會想去街上的咖啡室做一會兒。

溫習課本時，有時會走去別人的房間，有時會坐在地上，有時會把筆記貼在牆上站著看。

再專心一致的孩子，也沒有可能連續幾小時坐在同一張書桌前。長期處於一個地點溫習，反而會生出厭惡的感覺。

經常轉換地點角落，就能增加溫習的新鮮感和樂趣。

考試時期的日常生活 4 工具篇

文具

· 考試前，要確保孩子有充足的文具。

· 可以抽一晝時間，去文具鋪選購他們順手的文具；既是親子活動，也是考試前的重要準備。

· 考試日、上學前，家長最好幫助年幼的孩子檢查是否帶齊文具。因為考試時才發現沒有趁手的鉛筆和間尺，感覺是十分糟糕的。

衣著

· 考試前一天，必須準備好適當的校服。如果學校或試場不需要穿校服，就一定要穿著孩子覺得做卷最舒服的服飾。

· 在家裏做練習卷的時候，可以嘗試上學時的髮型（例如綁辮子、夾起額前碎髮）。在溫習時候，盡量切合實際的情況。

考試時期的日常生活　5　健康篇

注意衛生別生病

你和孩子做了萬全的規劃，用功地準備，解決了溫習上的一切困難，卻不幸在考試那天病倒了。

要不請病假，功虧一簣；要不吃點藥，戴上口罩，拖著疲憊的身體勉強上試場（相信這是本地大部分家長的選擇）。

可是，病了的身軀，不能在試場上發揮 100% 的實力，那是多麼的可惜呀！

所以，考試前兩週開始，全家人都要特別注意衛生。家居保持清潔，注意食物安全，減少去人多擠迫的場所。

最重要的，是早睡早起，作息定時，保持心情開朗，這才是增強抵抗力的最佳方法。

萬一家中有人傷風、感冒、腸胃炎，就要做好隔離措施，盡量不要傳染應考的孩子。

最後提醒大家，萬一孩子不幸在考試期間生病，就應該留在家裏休息，不要勉強上學；否則，既會傳染其他同學，給老師一個壞印象，而且考試表現也未必好。

如果你們已做足以上的衞生措施，命運依然安排你的孩子不能參與這次考試，那就接受命運的安排吧！

「塞翁失馬，焉知非福？」理性地想，小學期間少考一次試，其實是不會影響將來事業的。

研究考試場地

1999 年 6 月

我在新加坡讀中學，A Levels（高考）時，以自修方式，提早半年考試，考英、數、化學、生物。

由於是自修考生，同一屆只有 4 個人考，試場設在新加坡的「英國文化協會」的一個課室內。

當我一知道考試地點，便找個週日下午，乘巴士轉地鐵再轉巴士，到達英國文化協會，找到了那個將會舉辦考試的課室。

考室上了鎖。

我從窗外往內望，看到了考室內部的情況：教師桌和黑板在哪一邊？有多少部空調和風扇？風會從哪個角度吹過來？

還有天花板的光管位置：哪兒燈光較強，哪兒較暗？

最重要是，課室內使用哪款桌子和椅子？桌面有多大？高度是多少？

最後，我檢視去洗手間的路徑，以及洗手間內的設備和衛生程度。

回到宿舍，每次做舊試卷，我就先閉上眼睛，回想英國文化協會那個考室的情景，想像自己正處身其中。

待正式考試那幾天，一切都順利進行：準確的交通時間預算，熟悉的走廊和考室，高矮合適的桌椅。

自修 A Levels 的成績，是 AAAA，我即時獲得香港大學醫學院和中文大學醫學院的取錄。

2008 年 10 月

病理學科的專科考試 part 1。考試是沒有範圍的，範圍是天下間病理醫學的所有知識。

之前，我已經啃書啃了一整年了。365 天，除了上班，就是讀書，完全沒有做其他的事。

為什麼？

因為我一定要一次過合格。考試一年一度，我不要再多花 1 年時間讀書。生孩子的時間表要按時進行；我已經不年輕了。

我必須竭盡全力，考好這個難度高、合格率低的考試；很有「背水一戰」的感覺。

病理科的訓練醫生數量很少，我那年共有 9 個人一同考試。考試地點，是專科學院的一個課室。

考試前的週末，我駕車走了一趟，計算行車交通時間，了解停車場的方位，知道小賣部的運作，找到了洗手間，找到了課室。

空無一人的課室，沒有上鎖，我偷偷潛進去。

我不知道我會坐在哪個座位，於是我在每個座位都好好地坐了一遍，牢記著坐在它們上的感受；桌椅的高低、質感，空調從哪個方向吹來，我的文具、飲料、外套該擺放在哪裏……全都一一想清楚了。

直至我對這個地方熟悉無比，知道自己能連續 3 小時坐在這裏充份發揮實力，才離去。

我的專科考試一擊即中，順利合格。

習慣考場的環境，習慣桌椅的高低，這些都是細微末節。

我這個人，並不聰明，沒有特別才華，耐力不高，更沒有隨機應變的能力；唯獨是比別人細心，所以總是從細節入手。

倘若你的孩子是個愛從大局入手的人，不拘小節，或者適應能力很強，就不需要像我這般謹慎微細。

畢竟，未必每個試場都容許你事先勘察。

畢竟，隨機應變、與時並進，才是最萬全的策略。

而經驗，是培養信心的關鍵。

考試經驗愈多，愈會摸索出適合自己的方法。

父母如何配合孩子？

考試期間，父母如何配合孩子？

父母的目標：

1. 用最省時、最高效率的方法，平衡工作和與孩子溫習。
2. 把溫習考試時間，變成最好的親子時間！

需要請假嗎？

考試前兩週，我通常會請假兩至三天，同時也減少活動和應酬，以協助孩子溫習。

我的年假很少，大部分都用在孩子的考試時期。每年 9 月開學，一收到校曆表，知道考試測驗日期，就先馬上向部門請假。

父母需要做什麼呢？包括：

- 協助孩子訂定溫習時間表
- 督促他們收拾工作紙
- 根據考試範圍，複印舊試卷
- 購買坊間補充練習

- 仔細研究近期功課，了解他們的弱項
- 替孩子做的練習改卷
- 指導孩子不懂的地方
- 孩子溫習時，多留在家裏陪伴（保持距離的陪伴）
- 提供精神上的支持
- 為孩子張羅各種文具、零食等
- 如有需要，提供上學接送服務
- 讓自己好好放鬆休息！（最重要）

如何表達支持？

在溫習和準備期間，陪伴在孩子身邊，但卻不是黏在他身旁。
當孩子需要你的時候，你會及時出現。

適時的身體接觸，簡單一個擁抱安慰，可以減輕孩子壓力；
但是孩子若果不想身體接觸，千萬不要勉強。

家長需欣賞孩子的努力及進步，一起制訂清晰目標，而不是
只追分數。

少說「你應該」，多說「我們要」。

不要說「你應該減少打遊戲機、多讀書」。

應該說「我們要把多些時間花在溫習上，減少看電視和打機。」

不要說「你應該早睡早起。」

應該說「我們要早睡早起，維持良好的生活習慣。」

提醒孩子的小進步；這是青少年最容易忽略的東西。

不管成績如何，父母要永遠相信，孩子已經盡力想做好，他們不想父母失望。

幫助他，站在他那邊，讓他感受到你與他共同進退。

孩子成績遇到挫折時，怎麼辦？

不帶批判

當孩子感受到父母願意接納真實的自己、不給予任何評論或判斷時，他們將帶著十足的信心，在安全感之中解決一切問題，找出自己的道路。

安靜的陪伴

父母必須是子女隨時能停泊的避風港。他們重新站起來之前，讓他們在你的保護之下休息一會兒。

相信孩子，而不是擔心孩子

只要父母親相信孩子，以堅定沉穩的態度面對孩子的挫折，他們將能成為善於處理困境的人，而不是害怕受到傷害的人。

將心比心

回憶你自己小時候遇到失敗挫折時，有否受過父母的打壓、落井下石？如果你曾經經歷過這些原生家庭創傷，你就會更明白，你孩子現在需要的不是打壓、甚至不是實際上的補習協助，而是陪伴和信任。

父母必須管理好自己的情緒

不論孩子表現如何差，不管壓力有多大，父母都必須保持情緒穩定，不能發脾氣、失控罵人，或表現出驚惶失措、失望、傷心、憤怒。

因為你的壞情緒，會直接影響孩子。

孩子考試已經很辛苦了，你不要把你自己的壓力和期望加在他們身上。

為此，父母在考試期間，必須多睡覺，減少工作，減少任何會增加壓力的機會。

記住，你的角色是「幫助孩子」渡過考試難關，而非增添他的壓力！

你要為孩子打氣，而非鬥氣。

即使孩子溫習溫到發脾氣、哭鬧、態度惡劣、情緒崩潰，你也必須保持冷靜。

我經常告訴家長：

> 「一個人發瘋，總比兩個人發瘋好。」

孩子發瘋失控，

最差情況，就讓他瘋一會好了。

家長千萬不要跟他一起瘋，

千萬不要跟他同歸於盡。

致：那個不太清楚情況的家長

平日少陪孩子的家長（例如父親），本身對孩子的作息和生活習慣不太了解；故此，放假陪溫習時，切忌在不清楚情況下對讀書方式指手畫腳、大發偉論。

否則，只會引起孩子困惑和反感，為另一半徒添壓力，並影響家中的運作和秩序，愈幫愈忙。

孩子長大得很快；稍為減少相處，孩子的生活習慣、甚至性格行為，就已經跟之前的截然不同。建議先觀察相處兩三天，用心體驗孩子的近況，並更新一下學校的功課進度，別急著插手管理。

第三部分

沒有考試的平日生活

沒有考試的平日生活

這本書是「考試時期父母的急救箱」，說的是考試前兩週的親子溫習，卻並非平日學習的模式。

那麼，沒有考試時的平日，我家孩子是怎樣應付功課的呢？以下分享給讀者做參考。

我平日的宗旨是：

· 孩子盡量減少在學業上花的時間。增加空閒，發白日夢、閱讀、和做自己喜歡的事。

· 我會用最少的時間去管理孩子的功課和學習，因為我自己也很忙。

· 我會親自檢查功課和跟進學校活動，以了解孩子在學業的進度和要面對的困難。

· 親子之間，盡量減少在學業上的討論，以減少摩擦的機會。

· 大部分的親子時間，都要花在舒適的事情上，保持氣氛輕鬆。

補習

不補習。

上學和做功課，已經佔了每天的大部分時間，不能夠再花更多的時間於學業上（除了考試前兩週）。

小學的課程不算深奧。如果上到高年班，真的有科目跟不上進度，才會考慮找補習老師。

功課

不陪做。

自幼稚園起，孩子必須獨自做功課，規矩是在晚飯時間前完成（特殊情況例外，如：有課後活動、功課太多、週五等等）。

檢查功課

堅持親自檢查。

我每天下班回家，簽手冊，簽通告，並親自檢查孩子功課。

· 我用七彩黏貼紙（post-it），標注每個錯誤地方，然後一次過將整叠功課交給孩子改正。

- 改正，大多是不小心算錯數、寫錯字等，孩子發現錯誤後自然會改好。倘若真的不懂，我就會親自解釋教導。那通常只佔很少時間。

- 初小時的造句、作文，我通常要她們起草稿。我在稿上改完，她們再抄回功課簿內。

- 如果遇上連我都不懂的作業，會一起上網尋求答案。

- 大女兒到了小學五年級，已經不讓我檢查功課，除非有個別不懂的題目需要協助。

- 間中我遲回家，她們先上床睡覺。我回家後用七彩貼紙標注錯誤，她們翌日早上上學之前做改正。

沒有書桌的媽媽

在家裏我沒有自己的書桌；所有工作和處理孩子功課，都是在餐桌上完成的。

餐桌旁的櫃子，有一個塑膠盒，裏面裝滿了我檢查功課所需要的文具；那是屬於我自己的一套趁手工具，其他人不能碰。

「功課膠盒」裏有：各種筆、間尺、釘書機、打孔機、剪刀、漿糊、膠紙（修補孩子貼得亂七八糟的工作紙和撕爛了的作業）、計數機（手機的計數機不夠好用）、非常好用的橡皮

擦、塗改液；最重要是各種顏色大小的 post-it 紙（黏貼紙），標注功課裏需要改正的地方。

還有支票簿，隨時處理學校的書簿雜費開支。

孩子的姓名 label 和印章，證件照片、白信封、郵票和回郵地址。

只有把這個膠盒一拿出來，餐桌就變成我的書桌，讓我有效率地完成功課檢查。

每天複習和預習：這是有可能的嗎？

有位家長說：「我的女兒很乖，每天放學之後做完功課，就會自動把當天學過的東西拿出來複習，然後又預習明天會教的課文。」

雖然聽起來匪夷所思，但是間中也有這樣的孩子吧？不過不是我家的孩子而已。

雖然專家和老師都說「每日要少許溫習，逐點累積。」可是，每天上學 7 小時，連同來回時間和做功課，就超過 10 小時，還怎能做複習和預習呢？

對我來說，學校每天安排的功課，就是複習。

整理課堂的筆記，就是複習。

溫習明天的默書，也是複習。

至於預習，有時候是老師指定的預習功課。

暑假時買到教科書後，我就叫女兒先讀兩遍，學校將會教什麼，心中有數。不過，學校教的內容和次序，未必跟出版社一樣；另外學校也有很多額外自己設計的工作紙和校本課程，單是預習課文是遠遠不足夠的；真的要預習也無從做起。

最好的預習，仍是那句：「閱讀海量的課外書」。學校未教，你已經讀過；學校不會教，你也讀過；這才是最有意思的學習。

補充練習

平日不做。只在考試前做一點。

有些國際學校沒有功課和默書，故此孩子也失去定期複習的機制，這是比較難搞的。在這情況下，父母要多用心思，制定規矩，安排定期做一點補充練習，協助孩子複習當天老師所教的東西。

有些家長，看孩子提早做完功課，臨時就加插一些補充練習給他做；這個做法是絕對不可取的！孩子為了不讓你給他額外的補充練習，以後便會把功課拖延至最後一秒才做完，養成拖拖拉拉、磨磨蹭蹭的習慣，效果適得其反！

默書

最好可以溫習兩趟。如果下星期有默書，先在週末溫習一次，臨默書之前那天晚上再複習一次。

背默就自己背默。讀默的話，可以用錄音機錄起課文，然後邊聽邊默；最後由我改正，因為孩子未必看得出自己寫錯了什麼。

小女兒有「複印機記憶力」，不論中、英、普通話，臨默書前一晚跟她讀默一遍就足夠。遇上背默更好，她自己在練習簿上背默，我只需檢查錯字就成。

對於大女兒，默書卻是她的「罩門」，無論替她在家默過多少遍，結局都是差強人意；而且字體凌亂、筆劃模糊，相信老師一看就火冒三丈。

我唯有安慰她：「不懂寫字、串字、背誦拼音，不要緊的，那只是小學中學的事。反正將來大學和出來社會工作，有電腦幫你自動改正。你只要挨過小學中學就好。」

上到五年級，我已經沒有留意她幾時要默書，由她自己去做準備；但是，整體分數卻竟然提升，相信她已經逐漸掌握到適合自己的溫習方法。經過這些年來的努力監督，我終於可以放心放手了。

結論

· 家長訓練小孩建立溫習的規律，是為了趁孩子還肯聽話時，傳授各種有效的溫習和時間管理方式。
· 然後，讓逐漸長大的孩子「去蕪存菁」，根據性格與天份，選擇最適合自己的方法、建立獨特的溫習體系。

開學錦囊 ✈

轉眼又開學了。孩子暑假時「玩到創晒」，未能收拾心情；而媽媽們面對蜂擁而至的開學通告和功課，也十分驚慌。究竟如何乾淨俐落地運用時間、減少混亂呢？

基本宗旨是「今天的事今天做」。把要填的回條、要寫的信、要交的錢，立刻處理好，千萬不要拖延；並拍照或列印留底，供隨時翻閱。一收到校曆，就把重要日子輸入行事表，如考試週、運動日、家長日等。

至於孩子，也是「今天的事今天做」。功課要在當天做好；如果有份 1 星期後才交的功課，也該盡量在首天完成，否則明日又有明日的工作，愈延遲就愈容易忘記，臨交功課前定必手忙腳亂。

許多媽媽埋怨，孩子做功課時經常有粗心錯誤，認為他們錯在專注力不足、「心散」。其實，所有孩子都會粗心大意，作為媽媽必須體諒和有耐性，不斷地提醒，不斷地改正；待他們長到一個歲數，問題就會逐漸改過來。

如果某些科目遇上困難，例如孩子跟不上英語而家長又不諳英文，那就去找外援吧。有些母親卻心急想孩子「超前」，剛開學就進行各式補習，還要報讀高一班的程度。孩子要適

應上學和功課已經很刺激勞累了，再有超前補習班，豈非百上加斤？不管多聰明的孩子也不能一步到位，要慢慢來。

眾所周知，我家的孩子沒有補習。開學頭 1 個月，先盡量減少課外活動，讓她們專心享受開學。早睡早起，縮短看電視和上網的時間；下個月才慢慢增加興趣班，循序漸進。只要把作息和衣食住行安排妥當，孩子上學沒有顧慮，讀書才可能有進境。

當真的被孩子逼得喘不過氣來，媽媽就要休息一下，例如讓孩子上網一會兒，媽媽趁機鬆弛偷懶。千萬不要與孩子同歸於盡。

有些家長，甫開學就一萬個投訴：投訴通告沒有統一處理，要兼顧手機程式、網站、列印紙本（不如叫個老師專門服侍你好不好？）；投訴數學太淺（因為覺得自己孩子是數學天才）、中文太深（因為覺得說英文高人一等）；投訴學校制度不變，令他回憶起自己的童年創傷。什麼都投訴的家長，結果會養出什麼孩子，可想而知。

最要緊是母親保持心情開朗。母親快樂，孩子就會愉快；母親暴躁，孩子心情就不好，讀書自然也不佳。

不知從何入手的新手父母

除了工作忙碌、時間不足之外，有些父母的挑戰在於「不懂得如何幫助孩子溫習」。可能他們小時候在不同的教育體制下學習，或者在外國長大、言語不通等，對本地小學的讀書考試茫無頭緒。

以下是給初小新手父母的一點提示：

· 平日親自為孩子檢查功課，留意學校進度。

· 留意手冊信息和學校通告。

· 用心研究學校發出的教學範圍和考試範圍。

· 了解教育局呈分試的考試模式和評分標準。

· 與老師緊密聯繫，遇到疑難時，可以用便條或電郵與老師溝通。

· 鼓勵孩子，要勇於向老師和同學請教。

· 如果遇上父母都不懂的知識，要學會如何一起上網尋找答案。

· 向有經驗的家長請教。高年班家長的一句說話，可以省卻你許多功夫。

．最終目標是要培養孩子的「自學能力」，堅持獨立學習的精神。不論父母多麼能幹、投入，學習也是要靠孩子自己去面對和完成。

培養閱讀習慣

我和兩個女兒都喜愛閱讀，大女兒在這方面尤其出類拔萃。對於培養孩子的閱讀習慣，我的心得足夠另外寫一本書分享。

培養閱讀習慣，是成績好的最大關鍵。

更重要的是，閱讀能夠使眼界寬、格局大、有同理心，對成長和發展人生大有裨益。

愛閱讀的人，以書為友，這輩子永遠不會感到寂寞和無聊。

我從兩個孩子幼兒時期，已悉心培養她們對閱讀的興趣和習慣。

其中方法包括：
- 經常逛書店，把所有好書都買回家中。但凡孩子有興趣的書籍，我都會把整套買回來。
- 家裏每個角落都有書籍放在孩子最容易拿得到的地方：客廳、睡房、廁所、書房、床邊。
- 家中所有可以放置書櫃的牆壁，都放了書櫃。

- 經常整理書架，方便取閱。書本前面不能擺放任何雜物。
- 家中處處有足夠的燈光、寧靜的環境，方便隨時看書。
- 小時候進行親子閱讀，每晚臨睡之前會講故事。到了小學，孩子應該要自己看書，不要再共讀。
- 珍愛書籍，對書有特殊情感。
- 訂閱雜誌和報章。
- 不要強迫孩子看某些類型的書，強迫就失去興趣了。
- 讓孩子讀所有他們有興趣的書籍，漫畫、雜誌、畫冊，什麼都可以，不一定要讀名著原文。

- 如果你有多過一個孩子，請注意：大哥喜歡看的書籍，多數不是弟弟或妹妹喜歡看的。每個孩子一定要有個人專屬的一套書籍，絕對不能要求年紀小的孩子看哥哥姐姐以前看過的書。
- 千萬不要叫孩子寫／講讀後感。

- 不要用金錢或獎勵去鼓勵孩子閱讀。
- 看書不是「越多本越好」、或者「越快越好」。重複閱讀同一本書，是很好的閱讀行為。千萬不要對孩子說「你又看這本，這本你看過十多次了。」真正喜愛閱讀的人，是會喜歡重複看同一本書的。
- 孩子正在閱讀時，千萬不要騷擾打斷他。
- 父母自己喜愛閱讀。

看書和看影片分別 ✈

社會上一般看法，都是認為「看書比看影片好」。科學研究已經證實以下幾點：孩子看電視愈多，語言能力愈下降；讀書能夠保持長者的認知能力，而長期看電視會增加患腦退化症（Alzheimer disease）風險。親子方面，看電視會降低母親和孩子之間的互動品質，一同讀書則會增加溝通的次數和水準。

倘若問我，我也當然認為看書比較好，因為我自小習慣了以閱讀的形式去學習；小時候哪有好的教育影片呢？可是，現今教學方法變化多端，網上、電視上、甚至課室裏，高素質的影片俯拾皆是；而孩童通常都容易被屏幕和動態吸引，看影片比看書專心。那麼，我們應該讓孩子靠看影片學習嗎？

以讀醫為例，現在有不少影片教授人體解剖學、生理學、生物化學等等；不論動畫還是真實景象，皆是剪輯精彩，深入淺出，令學習事半功倍。可恨當年我做醫學生時竟沒有這些好工具；單靠字面來理解複雜的知識，真是要多花許多時間精神呢！

然而，再好的影片，也始終取代不了閱讀。書本的知識是體系化的，一層一層地堆疊而上，條理清晰，內容全面。沒有

了影像和聲音的干擾，人在閱讀時會比較專注，能思考和記憶內容。而且，看書能夠按照自己的狀況控制速度，顯淺之處可以一目十行，深奧之處可以停下來請教別人；遇到有趣之處，更能隨時重溫、對照、回味。

看影片，是被動的學習方式，故此大部分內容猶如水過鴨背，無法完整地停留在腦海裏；除非是不斷停頓、回頭與重複翻看，然而這樣卻比閱讀更麻煩了。

還有最要緊的一點：難以逆轉。

習慣閱讀的人，轉去看影片是沒大問題的；但從小靠影片學習的人，要他們以看書讀文字來汲取知識就很艱難了。對於孩子來說，暫時仍是以書本為主、影片為輔；再加上討論、實踐、以及（經常被忽略的）獨立思考，才是最穩妥的學習方式。

讓孩子感受到你的愛

凝視孩子

母親充滿關愛的注視，使孩子深信自己是值得被愛的人，這是所有人類自信的根源。

如何以充滿愛和欣賞的目光去凝視孩子呢？

訣竅是：「遠遠地看，並且不要看太久。」

女兒放學回家，我看到亭亭玉立的少女、手腳利落地放下書包，跟我打招呼：「媽，我回來了。」我心裏頓時充滿幸福感，想著：「啊，女兒長得這麼大了，神采飛揚，聰明中帶點稚氣，實在太可愛！」

我凝望她的眼神，一定是充滿了欣賞和憐愛，因為女兒的反應也是笑靨如花、很快樂的樣子。

可是，當我走近、開始注視她的每個細節時，卻愈看愈不高興：「眼睫毛上有污垢，頭髮縛得太低了，嘴唇很乾，總是不肯塗潤唇膏！跳來跳去沒有儀態，書包上有塊污跡，怎麼搞的？那叠工作紙全都皺摺了，還有個鞋印⋯⋯？」

雖然我沒有說出來，但是我凝視她的目光，已經不再慈愛，甚至可能眉頭深鎖，表現出批評和不耐。

這一切，女兒都看在眼裏，感在心中。

於是，為了不破壞她剛回家那刻的溫馨，我趕緊躲開了，保持適當的距離。

注意：

若果沒有與孩子保持適當的距離（心理上與實際上的距離）、而太過親近，是絕對無法以愛的眼神注視孩子的。

因此，不要經常在近距離觀察孩子的一舉一動，因為這樣一定會發現許多你不滿意的地方，然後你就忍不住去批評或指正；事實上，這只會加深衝突，減少親切感。

愛的 5 種語言

蓋瑞巧門博士提出的「愛的 5 種語言」，將愛的表達方法分為 5 種。

父母可以參考這 5 種方法，用不同的模式向孩子表達愛。

也留意自己的孩子，擅長用哪些模式去向你表達愛意呢？

 1 真心的禮物

例如：孩子需要的日常用品

 2 精心的時刻

例如：一起去吃好東西

③ 服務的行動

例如：在孩子疲倦時協助他收拾書桌

 ④ 肯定的語言

例如：稱讚、鼓勵

 ⑤ 身體的接觸

例如：摸摸頭、擁抱

做孩子的「避風港」

朋友分享，高小的女兒開始進入青春期，有時會情緒不穩。

考試前，她在家裏陪女兒溫習中文，起初有說有笑，中途女兒卻突然哭了起來：「我實在沒有辦法做到！這麼多、這樣艱難的考試，我一定溫習不完，一定考得不好！」

此時，朋友不是立刻想辦法幫女兒解決溫習困難，而是做她的「避風港」，讓她休息。

「其實你溫習了兩小時，已經非常疲倦，我們停一下、吃點東西。」

女兒起初還不願意，因為她自己很希望把書溫習好。但是朋友說：「溫習不完也沒有所謂。」她們吃點心、聽音樂，朋友還用有舒緩作用的香薰替女兒按摩，讓她恢復平靜。

作為父母，尤其是高小學生的父母，實際在學業上做到的幫助有限；讀書，最終還是要靠孩子自己。而父母的角色，就是要做孩子的「避風港」，給他們帶來穩定情緒、安全感、和自信心。

陪伴有很多種方式，你可以找到你跟孩子適合的。你們彼此相愛最重要，其他都是次要。

母親陪伴在身邊就好 ✈

近來默書測驗，大女兒會自行安排溫習，成績不錯；即使偶爾失手，我會安慰鼓勵她一下，甚少責罵。

以前我不是這樣的。早幾年，女兒的溫書進度稍慢、發白日夢、或者分數不理想，我就會嚴厲責罵。

這些年我開始改變，是因為大量的閱讀、反思和觀察，使我知道對於女兒來說，「母親只要在困難時陪伴在身邊就好」。

假使學業上遇到挫折，例如一次測驗馬失前蹄，她需要的是母親的信任和陪伴，而不是母親的怪責；更不需要母親將所有改正的工作和責任包攬上身。

人生的困境同樣。有些女孩生活上遇到挫折，如失戀、欠債、工作困難、婚姻問題、疾病等，會第一時間向父母傾訴。有些女孩卻是第一時間考慮「如何不讓父母知道」；並非怕父母擔心，而是受夠了無盡的叨念嚕囌、愈幫愈忙、落井下石，以及企圖操控。

現代女性其實非常能幹，天下間沒有什麼解決不了的事，甚少需要（或者想要）娘家的協助。只是，大部分女性都有個共通點：無論面對怎樣的痛苦或考驗，她們都想知道自己不

是孤單一人。她們想要的，不是實際的解決方案，而是希望身邊有個永遠站在自己那邊、相信自己的母親；這樣，她們就有足夠的底氣汲取教訓，繼續向前。

可是現實中，能給予女兒這種安全感的母親不多。

許多父母只願意從自己的感觀角度作出反射動作，例如：用責罵去表示「著緊關心」、用批評去「提醒」女兒、用諷刺去「激將法」；以自己的辦事方式去插手幫忙、強迫女兒跟隨自己的意願行事；漠然地否定女兒一切幼稚不成熟的感受。

更常見的，是以恐嚇、威脅來控制女兒的情緒，以「我是為你好」、「你不感恩你不孝順」等來進行情緒勒索。

結果會是怎樣呢？當女兒將來遇上困難，不但不會向娘家求助，而且完全不想讓娘家知道；因為從父母處得到的挫折感，比困難本身更令她們感到絕望。這一點，跟娘家是否有實力、是否真會出手相助，是完全沒有關係的。

每個不會撒嬌的女人，都是從小缺愛的孩子。所以我身為母親，現正小心翼翼地讓女兒有被理解和陪伴的感覺，希望她們真心相信，無論如何我都會站在她們那邊；這就很足夠了。

總結：調整期望 Check list 🚀

當你為孩子的考試溫習而感到沮喪、憤怒、失望時，請閱讀以下溫馨提示：

· 孩子考試時有粗心錯誤，是正常的。

· 孩子今天不懂，未必代表永遠都不懂。

· 如果孩子不能按照父母的期望發展，那多半是父母的期望不切實際。與其改變孩子，父母先要改變期望。

· 孩子不是機械人，不能長時間接收知識；他需要空白的時間，慢慢去消化吸收。

· 偷懶是正常的，欠缺自律是正常的。父母自己，也不能做到天天 24 小時完全自律。

· 父母對孩子的任何憤怒，都是源於父母內心有未解決的糾結。

· 看到人家的小孩品學兼優、十項全能，事實卻是「家家有本難念的經」，他們有其他你看不到問題；也許是他們的家長特別要面子，將所有東西製造成一個完美的假象。

· 最要緊的，永遠是父母和孩子之間的感情；沒有比這更加重要的東西了。

- 有些父母，將所有的不如意都歸咎於別人：孩子、丈夫／妻子、祖父母、家傭、老師、鋼琴老師、補習老師和其他家長。只會抱怨的父母，是不能成為孩子的好榜樣的，所以孩子才會不出色。

- 有些父母只關心孩子的成績和才藝訓練，只在乎自己的「付出」有否令到孩子「達標」，卻從沒關心孩子是否真正的快樂。

- 父母是否給予無條件的愛，孩子是感受到的；家長是否能處理好自己的情緒、每天不斷地學習和進步，孩子也是看得到的；別以為他是傻子。

- 只有每天反省自己、學習改善自己的父母，才能釜底抽薪地解決親子之間的問題。

- 以充滿愛的目光凝視孩子；但必須保持適當距離，如果太過靠近觀察孩子的一舉一動，就會忍不住去批評指正。

- 將心比心，回憶你自己小時候遇到失敗挫折時，有否受過父母的打壓、落井下石？時刻保持警覺，別在孩子身上複製這些原生家庭創傷。

- 一定要對孩子有信心，相信總有一天他會改進。

- 堅持自己不要情緒失控。你會發現，孩子也會學你，一段時間下來，他會變得愈來愈成熟。

- 要讓孩子信任你，溝通才會順利。父母自己，在家裏家外，先要成為有誠信的人。

- 教養不會短期看到效果，要看作一個長期投資。親子教養要有耐心，要不斷磨合；千萬不要放棄孩子。

- 只要父母肯陪伴，孩子就不會變壞。抱著這個方向去想，就不會越教越著急，不會想像未發生的壞結果，令自己焦慮。

- 教養的目標，不是讓孩子害怕你，而是要讓孩子信任你。

- 孩子不會自動自覺去溫習，是正常的；父母要有耐性、有系統、情緒平穩地督促。督促之後，孩子拖三拖四、不立刻去做，也是正常的；父母必須對「人性」抱有合理的期望。

- 千萬不要天天放學都問跟成績有關的事情。

- 對待動覺型學習者的孩子，要「慢」，慢慢來，重複提醒，保持交流。

· 父母千萬不要「做什麼都是為孩子好」。父母應該要「為自己好」，管理好自己的生活、情緒、誠信、進步，這才是對孩子最好。

後記：是否我的孩子特別受教？

許多看過我專欄文章的家長，認為我的教養方法之所以成功，可能是因為「我的孩子特別受教」。

「你的女兒，一定是特別乖巧、聰明、自律、成熟，毫無缺點，所以你才教得如此輕鬆。」

哪有這樣的孩子？！

事實上，特別受教的不是我兩個女兒，而是「我」。

你了解自己孩子的本性嗎？

無論你想採取什麼教養方式，必須要先想到孩子的「本性」。

不要期望自己的孩子跟你所期待的一模一樣。

一定要真正面對、接受和了解你孩子的「本性」，然後順著孩子的本性去教養。

「因材施教」的道理，人人都懂；真正要實行起來，卻需要大量的反省和行動力。

很多認為孩子「難教」的父母，事實上早對孩子有了主觀的期望；他們心裏早就設計好「我希望孩子將來是這樣這樣」的框架，然後期望孩子會順著這些設定成長。

當事與願違，就說是自己的孩子「難教」。

其實難教的，是父母自己。

他們從沒有跳出思維框框，以一個第三者的角度，客觀地去觀察自己孩子的天性。

他們沒有真正「看見」自己的孩子。他們只看到自己想要的。

當發現自己討厭的缺點出現在孩子身上時，會希望孩子盡快改過。同樣，在孩子身上看不見自己某些優點時，就責備孩子「怎麼連這樣都辦不到」。

原因在於，父母沒有認清，孩子是與自己不同的獨立個體。他們將對自己的期望，誤以為是對孩子的期望。

可塑性 —— 愈平凡的孩子，愈容易教

孩子的成長路上，「本性」所造成的影響力，比「教養」來得更強大。

但是，教養的「可塑性」是存在的。一般人都有很高的可塑性，因為大多數人都是屬於普通、平凡的性格。

對於平凡的孩子，教養可以發揮很大的作用；因為這樣的孩子本來就受教。

最理想的情況，當然是兼顧「本性」與「教養」、先天與後天互為調和，幫助孩子發揮所長。

我還聽過一種命理學家的說法：孩子的「八字五行」相對平衡，性情平和，於是比較容易受到外界的薰陶，而這也是教養可以著力的地方。

說穿了，我的女兒就是平凡的孩子，所以受教。

可是有少數孩子，本性某些方面強烈而極端，所謂的「五行偏缺」，可塑性就會低，教養變得軟弱無力。

例如，有些父母非常優秀且有愛心，但孩子卻頑劣不堪，到處惹事生非，怎樣教導也不管用。另一方面，也會有不出色的父母生養出優秀子女；酗酒的爸爸，嗜賭的媽媽，孩子卻出類拔萃，靠自己能力闖出一片天地。

細想起來，其實是「本性」在引導這些孩子。本性的力量非常強大，往往超出父母師長所能控制和影響的範圍。

孩子特別難教，「五行欠打」？

確實有些孩子，不論再怎麼管教，也難以把他們的本性扭轉過來。

即使是「可塑性高」的平凡孩子，也總有些特別奇怪固執的地方，與父母的期待完全不同，叫人頭痛不已。像我的女兒，也各有缺點問題。

也有些情況是，孩子在外面品學兼優，是模範學生；但是對著父親或母親，卻特別情緒反覆，特別難教。這也可能是孩子本性與父母相沖，「八字不夾」，所以互相見到，情緒就先上來，無法和平理性共處！

還有一種理論，就是性格跟自己越相似的孩子，最難教。

我認為，到了最後，人能改變的只有自己。

要改變孩子很困難；父母只能從自己開始作出改變。

父母要改變自己，就必須不斷學習和成長。

好的父母，每天都會認真地反省自己，懷疑自己的既有價值觀，學習新知識，接受新觀點，重新觀察孩子，了解他們的真正需求。

然後，滿心感激地接受「我的孩子就是這樣的人」，並且毫無條件地愛這個樣子的他，支持他，陪伴他。

如果做到「接受孩子的本性」，

你就自然而然，

不會為孩子的考試分數而歇斯底里，

不會在溫習時發生衝突，

不會把任何事物放在親子關係之前。

更不會覺得孩子很難教。

考試，只是每個人生活中要面對的情況。

考試不是苦差，

而是一個好機會，讓你和孩子可以更親密地共同成長，

是了解孩子的機會，

是向孩子展示你的愛的機會！

醫生媽媽 的
親子教養術

★ 12個 教養策略 X 28個 小學生溫習秘笈 ★

作者：許媽

插畫：阿青

設計：Spacey Ho

編輯：青森文化編輯組

出版：紅出版（青森文化）

地址：香港灣仔道 133 號卓凌中心 11 樓

出版計劃查詢電話：(852) 2540 7517

電郵：editor@red-publish.com

網址：http://www.red-publish.com

香港總經銷：聯合新零售（香港）有限公司

台灣總經銷：貿騰發賣股份有限公司

地址：新北市中和區立德街 136 號 6 樓

電話：(886) 2-8227-5988

網址：http://www.namode.com

出版日期：2024 年 6 月

2024 年 10 月（第二版）

ISBN：978-988-8868-36-0

上架建議：親子關係／教養心得

定價：港幣 128 元正／新台幣 510 圓正